卡耐基全集

女性的智慧

(美)戴尔·卡耐基 著　　舞　阳 译

煤炭工业出版社

·北　京·

图书在版编目（CIP）数据

卡耐基全集．女性的智慧/（美）戴尔·卡耐基著；舞阳译．
--北京：煤炭工业出版社，2019
ISBN 978-7-5020-7286-5

Ⅰ.①卡… Ⅱ.①戴… ②舞… Ⅲ.①成功心理—通俗读物 ②女性—生活—知识 Ⅳ.①B848.4-49 ②Z228.4

中国版本图书馆CIP数据核字（2019）第039752号

卡耐基全集　女性的智慧

著　　者　（美）戴尔·卡耐基
译　　者　舞　阳
责任编辑　马明仁
封面设计　艺和天下

出版发行　煤炭工业出版社（北京市朝阳区芍药居35号　100029）
电　　话　010-84657898（总编室）　010-84657880（读者服务部）
网　　址　www.cciph.com.cn
印　　刷　三河市金轩印务有限公司
经　　销　全国新华书店

开　　本　850mm×1168mm 1/32　**印张**　6　**字数**　150千字
版　　次　2019年8月第1版　2019年8月第1次印刷
社内编号　20181628　　**定价**　30.00元

P前言
REFACE

戴尔·卡耐基（1888—1955），20世纪最伟大的心灵导师，美国著名演讲家、作家，公共演说与个性发展心理学领域先驱。他于1888年11月24日出生于密苏里一个贫穷农民家庭，高中和大学期间就积极加入辩论俱乐部。他从华伦斯堡州立师范学院毕业后，在内布拉斯加当过推销员，到纽约当过演员，后成为美国青年基督教协会的一名讲师，讲授公共演说课程，从此成为成人教育运动的积极推动者和主导者。

戴尔·卡耐基利用大量普通人不断努力取得成功的故事，通过演讲和著述唤起无数陷入迷惘者的斗志，激励他们取得辉煌的成就。卡耐基在实践的基础上撰写而成的著作，是20世纪最畅销的成功励志经典。卡耐基主要代表作有：《人性的弱点》《人性的优点》《成功之道》《女性的智慧》《人际交往心理学》《魅力口才与技巧》。这些书出版之后，立即风靡全球，先后被译成几十种文字，被誉为“人类出版史上的奇迹”。他一生致力于人性问题的研究，运用心理学和社会学知识，对人类共同的心理特点进行探索和分析，开创并发展出一套独特的融演讲、推销、为人处世、智能开发为一体的成人教育方式。

这些书与卡耐基的成人教育实践相辅相成，将卡耐基的人生智慧传播到世界各地，影响了千千万万人的思想和心态，激发了他们对生命的无限热忱与信心，使他们勇敢地面对现实中的困难，追求自己充实美好的人生。

幸福是什么？这是很多女人终其一生都在思考的问题。女人怎样才算拥有幸福的生活？是需要有金钱、事业、地位，还是需要有一个爱人、一个温馨的家？抑或是需要有别人望尘莫及的能力？其实，这些因素都可以说是女人一生幸福的重要组成部分。但是，就算是你全部得到了这些，有时候你也不会觉得自己很幸福，这又是为什么？是对幸福的定义变了？还是追寻的心态变了？其实都有吧。说穿了，女人想要的幸福就是一种心安的感觉，如果你内心感觉幸福，那么哪怕生活再清苦，你也甘之如饴，否则的话，就是锦衣玉食也换不来女人一个真心的笑容。在《女性的智慧》这本书中，戴尔·卡耐基以超人的智慧总结了女性为人处世应当具备的基本技巧，以严谨的思维分析了女性提高个人魅力、活得快乐的秘密所在，以精彩的讲解告诉女性如何理解并俘获自己钟情的男人，以广博的爱心指导千万女性尽快成熟、永久留住幸福，从而帮助广大女性朋友全面提升自身魅力，成就辉煌的事业，获得幸福的婚姻，开创崭新的人生。

目录

第一章
成功的第一个台阶

放飞丈夫的梦想

很多年之前，纽约市有两位青年住在便宜的寄宿公寓里。

一位是来自密苏里州玉米种植区的戴尔·卡耐基，他是个满怀梦想的人；另一个人则是来自马萨诸塞州的乡下，名为惠特尼。

戴尔曾说，与许多农村的孩子一样，惠特尼的出身非常贫寒，可他有着与众不同的地方，那便是：他坚信自己能做一家大公司的老板。

惠特尼在纽约的第一份工作是在一家大型食品连锁店做零售店员。为了能尽早熟悉业务，他在午餐时间去批发部门协助批发。即使别人不会因他这么做而感激他，自己的薪水也不会有所增加但他依旧如此。但是，当一个更好的职位需要人手时，老板总会先考虑让惠特尼去做。

岁月如梭，惠特尼慢慢由零售店员被提升为业务员，且成为部门主管、区域经理。在职位的不断变换中，同样具有遗憾与磨难。在这里工作许久之后，他觉得没有了发展的空间，公司的上层关系太多，自己也无再升迁的可能。

于是他跳槽了，并且发现必须凭实力才能在这个新公司得到提升。他很清楚，即便自己到死的那天都没有机会做参与决策的高级职员，可他还是向既定的目标努力，最终实现了自己的梦想。后来，他成了蓝月乳酪公司和橘子包装公司的总裁。

在这个廉价寄宿的公寓里，这位来自农村的年轻人对卡耐基说："总有一天，我会成为一家大公司的老板。"他这么说是为了给自己信心，并朝着目标不懈努力。

惠特尼为何能获得成功，而很多人却最终失败了呢？

惠特尼工作十分努力，可别人也同他一样啊！是学历的原因吗？惠特尼只利用业余时间来自修，这也不是问题的关键所在。问题在于：惠特尼很清楚自己想要什么样的生活。他所做的一切——帮别人干活、跳槽、学习新的工作技能，只有一个目的，那就是为了实现自己的目标，成就自己的梦想。成功人士最忌讳的是漫无方向地生活。那些失败的人总是随意地找份工作，毫无意义地结婚……纵然他们很想改变自己的现状，但心有余力不足。安·海德在纽约市的新温斯顿饭店开设了"职业咨询处"，专为那些对自己的工作不满意的人提供咨询。我用了好几个下午的时间和安女士讨论失业的问题。她说，很多前来咨询的人根本不知道自己究竟想要什么。因此，她的首要工作就是帮助这些人确定自己的方向。赛佛和伊赛可林曾写过一本《婚姻指南》。他们认为，夫妻双方拥有共同的理想是一桩美满的婚姻不可缺少的因素，而理想到底是去环球旅行，还是一座新房子那并不重要。关键是他们要拥有一个共同的理想。

赛佛和伊赛可林提出，最重要的事情是要对未来充满信心，然后努力去实现梦想。同时，在实现那些美好前景的理想过程中，夫妻还要能体会到成功与失败等诸多感受。

威廉·可里汉夫妇的成功就证实了这个道理。威廉·可里汉的油料公司之所以慢慢被人们所器重，主要是因为威廉·可里汉的功绩。虽然他才四十几岁，但他能够从经营油料的生意中赚取惊人的利润。不仅如此，他们夫妇二人还拥有许多让人赞叹的的成绩：六个活泼可爱的孩子，富有而温馨的家，日渐发达的事业。

我认识威廉·可里汉许多年了。我问他，决定成功的最关键的因素是什么？他说：长远的计划和在此引导下坚持不懈的努力便是成功最大的因素。婚后不久，他们就着手做房地产生意，为顾客买房租房，并从中提取佣金。他们期待成功，所以在认真且不断地工作。他们办公室的条件十分糟糕，是在一幢办公楼的废弃通道的末端。最初，玛丽掌管外联，威廉则各处拉生意，但业务没什么起色，收入也微薄。为了生存，这对年轻夫妇不得不每天都克勤克俭地过日子，实在是拮据极了。可逐渐地，他们的事业有了希望，也攒了一些积蓄，就开始倒卖房子。赚了一大笔钱后，他们动手盖房子。此时，他们的经营状况良好，威廉觉得自己还有许多精力，因此，他决定尝试一下其他行业。

此刻，年轻的威廉很想挑战自身的极限，全家人讨论过后，他们觉得石油生意不错。于是，威廉·可里汉的石油公司成立了。一直以来，这个公司的生意都不错，是一个成功的范例。接着，夫妇二人又着手计划去国外投资，发展新的市场。只要他们有了新的目标，就会立即实施。他们夫妇时常依据威廉所接受的教育、爱好和性情来选择日标并拟订计划。玛丽说，假如威廉完成了一个目标，他会拣选挑战下一个工作，他们的生活才能多姿多彩。他们拥有如此的生活信条，所以也就拥有了一种独到而成效显著的生活方式。威廉·可里汉夫妇的成功就是一个生动的范例，只有通过拣选目标、实施行动、达到目标这样的过程才能成功。就好比射击，要更准地接近目标，前提只有瞄准，或许会有一点偏差，但总比盲目地射击要好得多。

狄海伯特·郝基斯是哥伦比亚大学的知名教授，他曾经说过，彷徨是苦恼的一大根源。再者，彷徨不仅是苦恼的原因，还是成功最大的对手。因此，倘若想要成功，首先就要帮助你的丈夫找到生命中的目标，并为此而全力以赴向这个目标靠近。

对你和你的丈夫来说，什么才能称得上是成功的标准？是巨大的财富还是显赫的身份？是控制他人的权力还是去助人为乐？抑或是有着一分体面的工作？

对于你们来讲，你们有必要搞清楚自己对成功的定义。针对不同的人成功的标准是有区别的。去实现怎样的目标完全取决于你对自己成功标准的定义，然后再去行动。

假如妻子想要协助丈夫实现他的理想，首先应当清楚丈夫是怎样想的。但是，现实中有不少事例证明，当夫妻二人准备创业时，他们发现对方同自己的意见完全不符，这是一件很头痛的事。

即便你的丈夫能够做到明白自己想要什么，也远远不够。在创业的过程中，你也和你丈夫一样重要，你一定要和他共同去实现长远的计划。

虽然这句话不是名人所言，但确是肺腑之言，特别对于一对有理想的夫妇来说，此话就更为诚挚——

相爱的意义在于朝同一个方向注视，而非双目凝视。

提升“热情商数”之6种技巧

我晓得这6种方法很奏效，因为我目睹它们一次次地被运用且获得成功。

请为你丈夫实践一下：这些技巧一定能提高“热情商数”。以下就是这 6 种技巧。

1. 竭尽所能学习每一件你所担任的特定工作，了解这些工作同公司团队的关系

不少人觉得自己只不过是依靠在一架巨大的、没有冰冷的机器上的一个齿轮，因他并不知晓自己特定的工作的重要性——与此同时，也因他除了别人要他每日做的工作外，并不想学习任何事情。

有这样一个久远的故事。

有人问起两个在一块工作的人，他们正在做什么，其中一个回答：“我正在砌砖块。”而另一个则答：“我正在修筑一座大教堂。”

了解一项工作或是一件产品，可以提升热情。知名记者塔贝尔曾说过，她有一回为了写一篇五百多字的文章费了好几个星期来搜集资料——其实她只用了资料的一部分。她阐明自己的观点，认为那些没有应用的资料，将会增加她所保存的实力。因她了解的东西比写这篇文章所需要的更多，所以她可以写得游刃有余、更具权威性。

本杰明·富兰克林年幼时就知道怎样运用这个技巧。那时候，他还在一家肥皂工厂里打杂。因他尽心竭力地学会了整个制造工序，所以对于自己为成品所做的微薄贡献，也颇为满意。

工厂培训推销员时，要教给他们产品的制造细节，哪怕这些在推销时极少派上用场。可是，对自己推销的产品有了全面的了解，会使推销员在对顾客推销产品时更显权威性和热情，从而使产品会有更好的销路。

我们对任何一件事了解得越多，就会对它产生越强烈的热情。所以倘若你的丈夫对他的工作不够热情，就该找出缘由，极有可能是他对自己的工作了解得不够多——或是不清楚自己对整个程序所做的贡献。

2. 制订一个目标——要有耐心完成它

一个人必须明白他正在为什么目标而工作，然后他才会像一只牛头犬追逐猫儿那样锲而不舍。一个明确自己目标的人，不会因为某些磨难和波折而灰心。

本杰明·富兰克林写道："如果一个人想要成功，就必须让他确认其特殊的工作和职业，而且耐心地做。"

英国诗人撒母耳·泰勒·哥尔雷基最该听从这个意见，他遗留给后代的诗大部分都是未完稿的。从某个侧面论，他埋没了自己的才华。在他死后，查理·兰姆写信给朋友时说："哥尔雷基死了，据说他留下了四万多篇有关形而上学和神学的论文——却一篇也未完成！"

和你丈夫探讨他对于未来的期望，由此帮助他确定目标。激励他尝试向明确的目标前进，而避免现实中的弯路。

3. 每日为自己加油打气

此种技巧或许有些稚气。然而，不少成功的人都发现这是一个建立自信的好方法。新闻分析家卡特本说，他年轻而毫无见识的时候，在法国当推销员，每天走访一户又一户人家，每日出发之前都要对自己说一番鼓励的话。

魔术大师荷华·索士第时常在他的化妆室里蹦上跳下，一次又一次大声叫喊："我爱我的观点。"直至他的血液沸腾起来；然后他才走到舞台上，向观众呈现一次充满活力和愉快的表演。

我们大部分的人都是碌碌无为地生活着。为什么你不在每天早上对自己说："我爱我的工作，我将要把我的水平充分提高。我很高兴这样活着——我今天将要100%地活着。"

4. 培养自己以"服务别人"的理念来思考

亚里士多德提倡"开放的自私"——这对每一个追求进步的人都是个好方法。

一个以自己为中心的工作者，一只眼睛瞄准着时钟，另一只眼睛则关注着他的薪水，此人一定很懒，而且不会成功。

为别人服务会产生热情——很多有能力的人选择低薪的社会服务和传教工作，而不去从事较为符合自我、从而赚取更多的钱的职业，这就是例证。

游击战术只会暂时成功，大多数的结果是失败的。最好是让大家都伸出援助之手，而不是把脚伸出来绊倒我们。

5. 结交热情的朋友——但有些是一定要避免的

"我最需要的，"爱默生说，"是有个人来使我做我能做的事。”

“敞开我的胸怀。”

换一句话说，就是鼓励。

我们没有办法控制丈夫的工作环境——但是我们可以尝试让自己更具活力来结交朋友，以刺激丈夫更有创造力地思考和生活。

假若你期望丈夫勃发热情，就让他生活在充满活力的朋友圈子中吧。每一个团体都有充满生活热情的人——要把找出这种人当作自己的职责，并且帮助你的丈夫和他们交往。然后观察这种人际关系在他身上燃起多少火花，从而使他的理想之种萌发。

还有一些建议——是帕西·H.惠亭在《售货的五大原则》一书中所提出来的有价值的劝告，他说：“避免和那些闷闷不乐、缺乏热情的人交往，那些把脚步和心思耗费在一成不变的工作中的人也不要接触。”

6. 迫使你自己热情地工作，你将会变得很热情

这是我的主张吗？噢，不是的。威廉·詹姆斯教授在我还未出生以前，就在哈佛大学启用这个技巧了。

詹姆斯说：“如果你想要拥有一种情绪，你就当作你已经拥有了这种情绪并工作着。你的行为决定自己情绪这一观念认为，我们可以通过对某种情绪的表现而获得相应的感受。”

福兰克·柏格是《我如何在销售中从失败走向成功》一书的作者，他说一个人怀着热忱工作，可以改变他的一生。

一个目标，另一个目标，是走向成功的阶梯

尼克·亚历山大最渴望达到的目标是上大学。他在孤儿院长大——那是一种老式的孤儿院，孤儿们从早晨5点工作到日落，伙食非常差，食不果腹。

尼克是一个聪明的小孩，因此14岁就从中学毕业。接着，他进入社会谋生。

他所能找到的工作，是在一家裁缝店里操作一架缝纫机。14年来，他一直在那种环境下工作；接着，那家裁缝店加入了工会。工资因此而增多了，工作时间也缩短了。

尼克·亚历山大幸运地娶了一个女孩，她愿意帮助他实现上大学的梦想。但这并不是一件容易的事情。在他们结婚之后没多久，也就是1931年，店里开始裁员，于是这对年轻的夫妇决定去闯荡江湖。他们把存款聚集在一起，开了一家“亚历山大房地产公司”。尼克的妻子特丽莎甚至把订婚戒指也卖掉了，以便增加他们那笔小小的资本。

在两年之内，生意兴隆，于是特丽莎坚持让尼克去上大学。他在36岁的时候，得到了学位——这是人生道路上所抵达的第一个里程碑。

尼克又回转房地产事业——成为他妻子的生意伙伴。他们又有

了一个新目标——拥有一幢海边的房子。终于，他们也实现了这个目标。

他们这对夫妇就这样因此而停下来放松自己吗？不，没有。他们有一个小女孩要受教育。他们如果能把自己商业大楼的分期付款缴清，把大楼变成公寓出租，收入的租金就能付他们孩子的大学费用了。因此他们全力以赴去实现这个目标，最后他们终于做到了。

特丽莎告诉我，目前他们正在为退休保险金而努力。现在尼克独自忙于事业，特丽莎则照顾自己的家。

萧伯纳说："我喜欢不断地进步，目标永远在前面，而不是在后面。"亚历山大夫妇过着一种忙碌、幸福、成功的生活，因为他们面前总是有一个目标，使他们的努力有一个方向。他们已发现萧伯纳这句话的确是真理。

许多人一辈子迷迷糊糊，因为他们没有确定的目标。他们只活在一度空间，当一天和尚撞一天钟。那些从人生中收获最多的人，都是警觉性高、积极等待机会，机会一到马上就能抓住。他们都有一个确定的目标。

在长期的计划上，最好是把每五年划分为一个阶段。比如，你可以这么计划："在五年内，拿到大学文凭，准备好升迁；在十年内，升为主管……"

朗费罗说："我们命定的目标和道路，不是享乐，也不是受苦；而是行动，在每个明天，都要比今天前进一步。"

一个小目标的实现，就意味着确立另一个目标，只要这样循环下去，成功就指日可待了。

与丈夫风雨同舟

现代女性都有自己的事业，如果放弃自己的事业可以在很大程度上帮助丈夫，你会愿意这样做吗？如果你不愿意放弃工作，那么，选择这本书就是瞎子点灯白费蜡，因为你只想拥有自己的工作，而不想协助丈夫成就他的伟业。

帮助丈夫获得事业上的成功需要投入很大的精力。你一定要有这样的想法——帮助丈夫是一件特别重要的事，我愿意付出洪荒之力。否则，你根本就帮不了丈夫。

我要讲述的是一个女孩子的真实故事。

卡维斯·威尔士是一位著名的探险家，他的太太赛苔·威尔士金发碧眼，十分惊艳。在认识丈夫之前，她拥有一份令人羡慕的工作，而且，她也认为自己的工作是十分重要的。直到后来，有一件事彻底改变了她的想法。

赛苔是广播讲演的经纪人，她非常喜欢自己的工作，在工作中，她很开心。由于工作的关系，她结识了卡维斯·威尔士。他们迅速坠入爱河，并很快在三月结了婚。六月时，卡维斯·威尔士去位于俄罗斯和土耳其的阿拉拉特山探险。

原本，赛苔想留在家中继续做她喜欢的工作，可六月马上要来临时，她竟然不想独自在家工作了——她决定和丈夫一起去探险。

她说："下不为例。"这次探险是一个充满艰辛的噩梦，然而，它却促使卡维斯写出了《开普特》那本风靡全国的畅销书。

当赛苔重新开始工作时，她忽然发现，自己的工作和丈夫的探险经历相比起来，简直是小巫见大巫。毕竟，他们夫妇二人已经同生共死过一回。一年半后，她又和卡维斯去了墨西哥的帕帕卡提百特尔山。这次的考验比上次更加严峻。很多时候，赛苔都是在寒冷、饥饿和莫名的惊吓中渡过的，她经常感到备受煎熬。不过，她感觉自己一直很兴奋。

赛苔心里残存的最后一丝想独自工作的念头，也在山巅上的寒冷飓风的怒吼中跑到爪哇国去了。她深切地明白，做卡维斯·威尔士太太才是最重要的，自己在工作上的所有成功都是微不足道的。当他们平安地从墨西哥归来时，赛苔放弃了自己的工作。

现在，她有充足的时间陪丈夫去天涯海角，而这也正是她一直想做的事。他们的足迹遍布了全球——日本、冰岛、马来半岛的丛林、非洲、克什米尔山谷，他们的生活就像一幅美丽的图画那样斑斓多姿。

赛苔·威尔士说："我为自己曾经会有那么幼稚的想法而感到奇怪，我竟然认为自己能独立地工作才是最重要的理想。从前，我的生活多乏味啊，和我们共同经历过的这些丰富经历相比那是多么平淡无奇呀。我和他有共同的兴趣，这一点让我十分开心，我们一起摘下成功的果实，也一起面对失望和挫折。对我而言，卡维斯在《开普特》上给我的献词就是我这辈子获得的最大嘉奖。他说：'谨以此书献给我最好的朋友、亲爱的妻子赛苔。'他的献词给了我从未有过的成就感，从来没有什么赞赏能像他的赞赏一样让我如此满足。”

赛苔·威尔士改变自己的想法是很夸张的。如果妻子能懂得她的重要性，她就会使自己的丈夫更加幸福。赛苔的故事就是个鲜活的例子。但是，我也记得那些由于环境的关系而必须出去工作的妻子和母亲，我相信女性完全可以证明她们具有赚钱养家的能力。在这里，我向她们致以诚挚的敬意。

但是我们必须记住，我们是在讨论妻子怎样才能帮助丈夫成功。本身就很重要，它需要妻子付出全部的精力。根据多年的经验和观察，我知道——

如果一对夫妇拥有相同的兴趣和目标，那么就会大大增加他们的事业和婚姻双重成功的概率。

第二章 你将如何行动

欢欢喜喜地乔迁

人事主管常常摇头发牢骚，众多女士因为不想离开熟悉的环境，便要把自己的丈夫限制在一个固定的地方和工作之中。佛恩·L.艾略特，是费城大西洋精炼公司的总经理，他将这种妻子称作“婴儿”，并且认为她们是丈夫成功的绊脚石。

另外一位总经理也曾告诉我，有一位前途无量的青年，因为他的妻子不情愿搬家，舍不得离开自己的亲朋好友以及教室甚至美丽的客厅，所以他只好违心地放弃了一个他曾努力争取过的升职机会。

当一个家庭在某地适应下来之后，如果要他们搬到另一个陌生的地方，的确需要下很大的决心，而且必须要有很好的婚姻基础才能适应这种变迁。第二次世界大战期间，许多在战争中结合的伉俪，都没有办法适应从一个军营不停地迁移到另一个军营的疲于奔命，而且也缺乏在动荡不安的环境建立家庭的努力。

但假如有一个适应能力强的妻子，就应该能够容易克服这些困难。弗吉尼亚州诺福克市的雷伦德·克西纳太太就是一位这样的妻子。在《妇女世界》的文章里，克西纳太太写道：

两年前，我的丈夫受到征召要到海军去服役。离开我们新近安置好的家，带着我的小儿子跑遍全国各地，这个念头近乎疯狂。未来的两年看起来像个巨大又浪费时间的空白。我迁徙到我们的第一个驻地，认为自己将会过得很郁闷。

可直至今日，我们已搬过好几次家，我觉得过去的想法真是太幼稚了。我丈夫马上就要退伍，我们正计划永久定居下来——我们都希望这样。虽然我对于未来的日子感到十分渴慕，但当我要告别这种流动式生活的时候，还是有点依依不舍的。过去的两年，我感到很愉悦，因为在许多不同类型的人群之中学会了了解和生活。现在我已经学会了容忍和了解那些想法及做法与我不同的人。当某些我所期望的事情破灭的时候，我也学会了忽略那些日常生活里的小烦恼。我愈加深切地感受到，一大堆器具用品并不能造就一个快乐的家庭氛围，更主要的是，自己要认识到爱心、谅解和温暖，而且在任何情况之下都要尽自己最大的能力去实现。假如你面临从熟悉的环境中离开而迁徙到一个新地区的困扰，希望你记住下面这四点建议。

1. 不要期望新环境和老环境一样

环境和工作内容与人一样，都是迥异的。如果你丈夫原本的职位看起来比新职位更有地位一些，你也不必因此而灰心。新的工作可能会有更多得到提拔的机会。

2. 不要因为失去了已经养成的习惯，就垂头丧气

有一年夏天，我丈夫到怀俄明大学暑期班去授课。由于那时候找不到房子，我们只好住到专为退伍军人及家属提供的简陋的居所里。我承认那时对于我们的住处，真的提不起一点儿兴致。

但是那个地方的情境，渐渐变成我生命中最丰富、最值得纪念的经历之一。房子很容易清理，而且我们的邻居很友善。那些年轻的男人和女人去学校上课，抚养自己的小孩，并且真诚地拿出他们有限的生活用品与我们一起分享，这使我对于自己起初的厌恶情绪感到十分愧疚。

那年夏天，我们交到了许多好朋友——而且懂得了，成功和幸福与人的生活水准并无多大关系——清贫一样能造就丰富的精神生活。尽你所能去做，试试你自己的胆识，也许你会得到意外的惊喜。

3. 到迁居的新环境里住住看，然后再下结论

我有一个朋友和她的丈夫一起迁徙到一个小工业城。这是她丈夫期待已久的升级。他的妻子在这个小城里只待了24个小时，就整理行装回到他们原来的家里。她丈夫所加的薪金刚好够多请一名女佣，最后她先生只好申请调回原来的工作——这都是因为他的太太不愿意好好地尝试他先生调职后的新生活。

4. 尽量利用新机会——不要舍不得过去

如果你迁徙到一个新地方，就必须下更大的工夫去结交新朋友，到教堂做礼拜——或者是去俱乐部和参加各种民众团体活动——与那些在你的环境里值得交往的人打成一片。与其埋怨你所不喜欢的事情，倒不如赶快设法改进它们。如果你改变

不了，就一笑了之吧。在这个世界上，本来就找不到一个十全十美的地方。

罗勃特·瓦特森夫人和她的丈夫已经住遍世界每个角落，因为她丈夫是卡特尔石油公司的地球物理专家。瓦特森夫妇和他们的四个小孩，曾住在世界上最荒凉遥远的地区，但是他们仍能过得很舒服和快乐。很难找到比他们更和谐、更幸福的家庭了。

瓦特森太太认为，家庭是心灵的精神休憩所。“调职的命令一下来，我就可以马上整理好全家的行装准备出发。”她说。

我们发现，世界上的任何一个地方都可供我们学习、享受和成长——如果你用心去找寻它们。

例如，当我们住在巴哈马群岛时，我们知道有个知名的潜水比赛冠军正在那里教授潜水。这是我们家美人鱼苏西的一个大好机会，她可以从专家那儿得到亲传。

结果，她进步飞快，并在潜水比赛中获奖。如果我们住到其他地方，或许她就不会得到这个好机会了。有一次我听到一位总经理提起，他的公司必须选出几位职员到国外去服务，但一定要他们的太太能够适应才行。

我觉得，适应的最好方法，应该是在那个陌生的环境，利用最佳的机会多多获取新东西，而不是整天念叨过去的家是多么好。

所以，如果你丈夫的工作需要你和他一起搬来搬去，那么你就应该记得以下的建议，并快乐地跟着他跑：

（1）不要希望新环境和老环境一样；

（2）不要因为失去了习惯上的方便而感到困扰——这些

事并没这么重要；

（3）在你下结论认为新环境不适合你以前，应该先去住住看。

跟上丈夫的节奏

肯塔基州的T.W.海因斯夫妇在14年之前结婚时，据海因斯夫人说，她因为害怕而受到很多的制约。用她自己的说法是：“我很惧怕和陌生人打交道，我很害怕站在人群里参加公开的宴会。我无可救药地害羞。”

海因斯先生是个十分有前途的青年律师，在当地的政治圈里很活跃。他需要和人们见面，参加会议、集会，以及社交活动和娱乐节目。他的新娘雪莉·海因斯，很害怕面对这些场合。她要如何做才能克服自身对人群的害怕、羞怯来满足她丈夫地位的需要呢？

雪莉·海因斯决定克服自己——具体来说，怎么做呢？她不知道。直到有一天，她在杂志上看到了这段话：“人类对于他们自己是最感兴趣的了。因此，在谈话中，你可以把注意力放在别人身上。要他谈谈他自己，他的困扰，他的成功。把你的注意力集中在他身上，你就会暂时忘记你自己的存在。”她决定试试这个劝告。这个方法真的奏效了。可以说，这段话改变了雪莉·海因斯的人生。

逐渐地，海因斯太太告诉我她改变的经过：“我因为对别人发生兴趣而不再害怕了。我发觉他们也都有自己的困扰和烦恼。当我更加了解他们以后，我就开始喜欢他们了。现在，我很渴望认识新朋友，我和他们相处得很融洽，我喜欢在自己的家里玩，也很高兴同我的丈夫到其他地方去，他现在已经是州里的参议员了。最主要的是，我很高兴并没有因为自己不能负起在社交场合中的责任，而使他无法成功。”

每一位妻子都有责任培养自己的社交能力，来帮助丈夫的事业。无论是什么职业，妻子如果有能力和旁人和谐相处，并且对社交有足够的亲和力，她就可以使丈夫成功的机会大大地增加。

假如妻子天生就具有这种能力，那真是太好了。如果没有，她就必须学会这种能力，就像海因斯太太那样。

美国某州的州长，曾非正式地告诉过我，他成功的最大原因是娶了个有教养、机智、迷人的妻子。他自己则是在一个大城市穷困的移民区里长大的。

“如果我娶了个邻居的女孩子，”他说，“我将很怀疑自己是不是会有自修的动机而在世界上崭露头角。我的妻子，感谢上帝，她有我所稀缺的每一件东西。她有教养、有身份，不管我的工作是需要我们周旋在皇亲贵族之间，抑或要到受着不平等待遇的人群里，她都可以适应任何一种情况。”

不要认为你的丈夫目前做的只是较低阶层的工作，你就不必帮忙了。商业界、工业界以及其他职业后来的领导人物，他们年轻时都是毫无名气，没人知道其存在的。所以没有人一开始就是站在最巅峰的。你是否已经准备好了10年、20年或是30年后为你的丈夫建立名誉？也许到那时候他已经是个大人物了。

立即开始吧！如果你觉得羞怯，像雪莉·海因斯那样，那么马上准备消除这些羞怯吧。如果你有点笨拙或不够机警，你就应该学会喜欢、尊敬和欣赏别人。如果你觉得缺乏教育背景，那就不该躲在那句老掉了牙的借口——“我从没有机会上大学”的后面。你可以自学，如果你付不起学费，那么跑着，不要走着，赶快到最近的一家公众图书馆去。

被丈夫遗落在身后的妻子——因为她不能跟上丈夫事业的步伐——并不是一个值得可怜的人。这种人通常是太懒了，或不肯用心利用围绕在我们每个人身边的机会改进自己。

美国电影协会会长夫人艾立克·强斯顿夫人写道：“跟上丈夫在事业中随时改变的脚步，是婚姻幸福的关键。”

强斯顿夫人劝告那些想要赶上丈夫事业的太太们，要参加社交活动以扩大自己的交友圈，而不要把交往的朋友限制在一个小圈子里。

强斯顿夫人写道：“或许你会认为，你的丈夫并非要求你随时赶上他们的步伐。刚开始的时候，艾立克也没有创立自己的事业。当我们订婚之时，他正挨家挨户地推销真空吸尘器。那时候我们两个人谁也不知道艾立克将会打拼出什么事业来。我所知道的只是，不管怎样他将会成名。”

没有人知道未来会是什么样子的。但是聪明的人会准备好等待时机的降临。学习如何认识朋友和如何与朋友和谐相处，是在你的丈夫得到重要职位以前做准备的基本方法。无论你丈夫的职业或社会地位是什么，这都能够帮助他。如果他自己在待人接物方面有点儿木讷，他的妻子，便可以帮他弥补粗心的过错；如果他在自己的朋友圈里已经相当机警圆滑了，有时仍需要妻子帮助，以免他使人觉得太荒唐可笑。

我为这本书搜集资料的时候，和美国最大公司之一的人事主任有过一次愉快的会谈。他告诉我，他有时候会因为太用心于自己的工作，而忘记注意别人的感受。“但是我的妻子，永远不会因为我太忙而忘了要对我好。”他很自豪地告诉我。

“就在几天前，我气愤地跑到我们的洗衣店里向老板吼着，我希望我的衣服要这样洗，而不准有些微偏差。他蹙着眉看了我一会儿，然后才答道：‘如果是你的太太来，我总是觉得好过一点。’”“每个人都更喜欢我的太太，”这位主任继续说，“她既有爱心又很和善。她真的很关心别人，并且不会让他们感到讨厌。”

这位主任接着说：“当我们走过邻居希腊人所开的商店时，我的妻子就用希腊语和他打招呼。在街尾的另一个拐角，她用意大利语向那卖水果的男人说哈喽。他们根本都不理我，为什么他们要理我呢？不厌其烦地学会了他们的话去和他们打招呼的，是我的太太，而不是我啊。虽然这就是她得到愉快的典型方式了。当然她也有收获。”

我不认识这位女士，但是我真想结识她——难道你不想认识她吗？表现友善与和气的女人，是无价的资产。工作繁忙的男人，常常因为太专心于工作上的技术，而没有办法增进富有生活情趣的、温暖的人际关系。如果他的妻子，无论走到哪里都能够制造出一种温暖人心的气氛，那么他将是如此幸运。像这样的女人，在丈夫事业向前迈进的时候，永远也不会被遗忘在后面。她是她的丈夫选派到世界各地的亲善大使。

有许多简单的方法，可以使一个亲切的女人带给她丈夫良好的社会基础。这个方法就像大部分的技术那样，需要经常练习，汉斯·V.卡天柏夫人，她的丈夫是美国新闻广播人协会的会长，她在帮助丈夫方面真是十分机智。她说她已经被叫作“打岔专家”了，因为她有第六感，知道何时应该打岔，以及怎样打岔。当我访问她的时候，她告诉我，如果晚宴里的话题拐错了方向，她就会等待一个适当的时机说道，“汉斯，为什么你不谈谈有关某某将军的事情呢？”这使得每个人都有时间冷静下来，将不太愉快的话题引开。

卡天柏夫人还懂得，怎样令受人欢迎的丈夫不过于疲惫。在她先生讲演结束以后，许多人都想和他握手，并且总是要和他站在那儿谈上半天。那样对他的身体不好。卡天柏夫人会在恰当的时候把新话题告诉他，比如，“他们的车子正在外头等着”，或是“他们要赴一个约会了”。

有一回，在市政厅讲演以后，卡天柏先生被听众的许多问题包围了。卡天柏夫人知道假如讲演不马上结束，她的先生将会累惨了。于是，她站起来说道：“不好意思，我有个问题。”然后她接着说，“卡天柏太太想要知道，卡天柏先生什么时候可以回家吃午饭。”听众都一致附和她了——于是卡天柏先生才能回家吃午饭。

还有另外一件重要的事情，可以使妻子造就一个成功的丈夫——或者是造就一个她希望将会成功的丈夫。但是，首先需要双方拥有足够的爱心、敏锐和合适的时机。如果这件事做得不够完美，就可能会适得其反。这就是：妻子要防止丈夫骄傲。

我在这本书里，已经提过许多激发男人进取心的方法。但是每一个女人也都知道，有时候男人也需要被挫一挫锐气，才能抑制他的冲动，而不至于变成一个自我膨胀的自大狂。能够成功做到这一点的女人，是值得永远感激的——事实上的确如此。狄斯雷利提过他的太太是他最严苛的批评者，因此而赞美她。她使得自己的丈夫永远能够脚踏实地地写作。

另一位在当代成功的人，也告诉我他太太在适当的时候所给他的温和的指责，对他的成功可以说有着难以忽视的贡献。他的名字是里曼·毕却·史托。他是一名作家、大学讲师、卸任编辑。他的祖母荷里特·毕却·史托写过《黑奴吁天录》。

“当我刚开始到大学授课的时候，”史托先生说，“非常幸运，我的学生都喜欢我。当他们课后围在我的身旁说，我是如何如何好的时候，我真是有点飘飘然了。那时候我对于自己的讲授真的是非常陶醉了。我几乎没有办法再等一分钟，急着要回家通知希尔达——我的太太，说她嫁了一个多么成功的天才。

“当我要试试别的行业，或者想接下一份新的工作的时候，希尔达总会帮助我建立自信心，所以当她对我这些得意的情况反应不够热烈的时候，我是十分奇怪的。‘你做得这样好我真感到高兴，里曼。’她这么说，‘但千万不可被奉承冲昏了头。除非你以后仍然努力用心保持你的水准。否则这些称赞过你的人，也将会遗弃你。’

“我记得，有一次在某个大厦的奠基典礼上，我在一大群人的面前演讲。我觉得自己在这个场合已经充分发挥了自我。觉得自己是继威廉·杰林斯·布里昂之后最伟大的演说家。

“于是我飘飘然地回家，把我的得意说给希尔达听，并且把演讲的演绎再表演了一遍——后来我一直把得意的细节重复地说了好几次。然后我坐下来等待希尔达的赞美。她微笑地对我说：‘那真是太棒了。亲爱的，但是那些出资盖大厦的人又怎样呢？我觉得他们似乎是更值得被赞美的人——你的演讲只不过是在对他们表示敬意而已。’

“她说得可真对。我的骄傲就像肥皂泡沫那样在我身旁破裂了。我发觉我差一点点就变成一个自私自利、自以为是的小丑了。真要感谢我太太的爱心和敏锐，我开始了解我自己以及我对虚荣的追逐了。”

海因斯夫人、强斯顿夫人、卡天柏夫人、史托夫人——这些女士都知道怎样和她们丈夫一起生活，并且能够替她们的丈夫增光。

她们的做法是尽自己的所能赢得友谊，在任何一种社交场合都能胜任，而且使自己的丈夫脚踏实地，不会自我膨胀。

任何一个女人如果能够做到这些，就不必再担忧会变成“被丈夫遗落在身后的女孩子”了。

为超负荷的丈夫减压

几个月之前，有个老朋友顺路来看我们。他看起来很疲惫且不快乐。“我不知道应该怎么办，”他告诉我们，“六个月来，我一直加班工作，想要替我们公司开设一家分公司。每天晚上我都很晚回家。等到完成这件艰难的工作，我就可以在正常的时间回家了。但是海伦对于我不回家吃饭，以及我们不能一起出去逛街感到非常不高兴，这也使她提不起精神。建立这个新公司，对我们二人都是很重要的，但是我没有办法使她了解这一点。我对她非常担忧，几乎没有办法全心全意做我的工作。”

这位可怜的朋友正受着双重的压力，难怪他会这么无精打采。

对太太来说，某些非正常的辛苦阶段，当然不像野餐那么愉快，虽然这些工作对她们的先生来说，可能是必需的或是很投入的。妻子应该站在他的立场，就像护士、保镖那样——作为精神支柱，静静地咬紧牙关，期待着再过正常生活的那一天。成功的嘉奖鼓舞着丈夫，使得他们对于手边工作以外的任何事情都变得漠不关心。

我们应该怎么做，才能使自己适应这些周期性的额外工作时期？我们应该怎样帮助自己的丈夫，尽可能轻松地度过这些日子？

以下这些做法相信对其他人也有效。

1．你为他准备的食物应该适合他额外辛劳的工作计划

时常给他东西吃，但不要一次性给太多。如果他必须抓紧时间迅速吃完晚餐，并且工作到很晚，就试着在他拖着疲惫的身子回到家的时候，为他预备好容易消化的小点心。烤苹果、果汁、乳蛋糕、沙拉、芹菜和红萝卜——这些东西都是量少又容易消化，而且含有人体所需要的维生素。如果他在家里吃晚饭，就不要在他整夜的工作之前勉强他吃许多不易消化的东西。你可以看些关于营养的书，或是找你的医师谈谈怎样为他准备增加体力的食物。

2．替你自己安排一些娱乐计划，而不要整天想着过去的日子多么美好

学习如何使自己在社交上变得有分量，不必依靠你的丈夫，也可以使你成为一个受欢迎的客人。在很多场合下，你会成为一名多余的女士；你应避免这种不合适的场合。在其他的集会里，你将会像五月的阳光那么受欢迎。

尝试做些你以前没有时间做的事情：观摩几家画廊，听听音乐会，为你的教堂或政党做些事，参加自修课程或某些夜间学校。

3．把这个情况解释给老朋友们听，他们就会了解为什么你的丈夫暂时离开了社交圈

让他们觉得你是全力以赴支持你的丈夫，并且赞成他所做的事。

4．让你的丈夫知道他得到了你的支持

这会使他的工作进行得更顺畅，并且使你不会离开他。

5．提醒你自己这只是暂时的现象

如果你证实自己可以轻松地完成这些事，这个大工程完成之后，你们将可以第二次过蜜月般的甜蜜生活。

第三章 给丈夫一个避风港

卸了枷锁的简易家务

大名鼎鼎的仪态专家玛格丽·威尔森是《你想要变成的女性》和《如何超越你的平凡》的作者。对于她所提倡的标准，她自身就是一位出类拔萃的楷模。她的工作非常繁忙，在她的居所里，她要做很多家务事，可是当她在与朋友们聚会的时候，她还要表现得很美丽、高雅、端庄。

最近，我丈夫和我到玛格丽的家里，参加一个周日的自助餐晚宴。总共有八位宾客，包括好几位知名的政治家。这是个光彩溢人的宴会，谈笑风生，布置迷人，而我所能说的只是“一种气氛”。玛格丽为我们安排了一顿精美的晚餐——炸鸡，大碗鳄梨和柿子沙拉，热烤面包，青豆蘑菇火锅，自制的水果冻和甜美的水果冻冰激凌，但她看来却很轻松自如。

宴会期间没有仆人在旁协助，后来我问玛格丽，她如何独自安排这样精美的餐宴 。“很简单，”她告诉我说，“所有的东西都是用简易的方法做出来的。在客人到达以前，我就开始炸鸡，当我们喝鸡尾酒的时候，我把炸鸡放在烤箱里保温。水果沙拉是用罐头水果在事前就混合好了的。我使用冷冻青豆，下午煮好青豆，和蘑菇一起放进火锅。蘑菇下锅后，在快要上菜之前，才把这些东西一起放好。甜点心是事先把冷冻水果混合好，再撒到冰激凌上面。这没什么麻烦！”

因此，有一些女人仍然相信，请客人到家吃饭需要好几小时的烹调和烘烤，提供精致的盘碟以及特殊的服务。等到宾客到来的时候，繁忙的女主人看起来很忙，仿佛她早就已经累坏了。

1948年在欧洲的时候，我与丈夫到我们初识的朋友家——一位大学教授的家里赴宴。到达时，我们都为没有看到这位教授的妻子而惊讶。他解释说，他的太太正在监督仆人准备晚宴。她出现的时候，只是坐下来闲谈几分钟，可是，她的心思依然留在厨房里，片刻她就又不见了。

晚宴的菜做得非常出色和可口。可是，我从来没有看过其他人对于吃东西要花费这么多精力。每道菜吃完以后，我们的女主人就跑回厨房里督促下一道菜。这种精致而不舒适的晚餐结束以后，我们才大大地松了一口气。我们大家都宁愿到餐厅吃这顿饭，能和这位女士一起享受相聚的乐趣。虽然她从来没有听说过“简易方法”——也许她听说过了，但是可能她不愿意那样做，欧洲的传统一向都是这样。

利用脑筋和创造力，使美国的家庭主妇发掘出许多奇妙的便捷方法——冷冻食品，包装好的什锦菜，以及繁多的家庭用品。为什么不利用这些东西的好处，让自己在最花费时间和精力的工作上发挥出最大的效能——做个最好的妻子和母亲?

我并不是说，什锦水果饼比母亲亲手做的那些饼味道更好——虽然我不赞同人们说它们的味道迥异。但是，任何一位丈夫必然更加期待在每天晚上看到一位神采奕奕、气色良好的妻子，而不愿看到他的妻子花好几个小时去煮饭和清洗因而疲倦得使人对她提不起兴趣——而她也毫无兴致了。

研究报告表明，无法改进工作效率，是家庭主妇最大的缺憾。吉尔布雷斯所研究出来的“节省行动”，已经让我们了解很多处理家事的简易方法。你有没有在5个步骤能够完成的工作上用了10个步骤——用4个动作去做2个动作的事？反省你处理日常工作的“方法”，最后，看看能不能提高你的效率。最快的方法，往往就是最好的方法。

例如，做早饭的时候，倘若你从冰箱里把你所需要的东西一起拿出来，你就会节约时间、精力和燃料——不要第一次拿出鸡蛋，然后再走一趟拿出奶油，最后又走一趟拿奶酥。

把海绵和抹布放在房子各处的主要角落，是一个节省时间的重要方法。如果在浴室里放有抹布，就可以每日随手擦洗瓷制的浴缸，自如地保持浴室清洁——比起积留所有的脏东西、一个星期大洗一次要简单许多。使用“走到哪里，扫到哪里”的方法，如此你就不会在6天里懊恼地想着第七天有如此多干不完的工作等着你。在一幢二层楼的房子里，把某些清扫用具同时储存在楼上楼下，是很有用处的——肥皂、抹布、刷子、拖把以及其他东西。

在我的孩子小时候，我在浴室的盥洗台上为她洗澡——因为家里没有地方可放婴孩洗盆。由于我很高，我必须在整个过程之中弯着腰。结果呢？我的背痛了很久。于是，我开始在厨房水槽为她洗澡。这种方法可真妙呢，我可以舒服地站着——在台上为她脱衣服——水槽对小孩子来说是更宽敞了，很容易保持清洁和卫生，甚至还连有一个小喷雾器，可为她冲浴呢！

很多繁忙的女人，在晚上洗餐碟子的时候就顺道放好早餐的东西。这样可以省下把碟子拿去收好、隔天清晨再把它们拿出来的烦琐，也可以使早餐吃得更加从容舒适，不像是精神紧张的赛跑。

对一般女士来说，上街购物是最花费时间的事——除非她知道那些“简易方法”。以下就有一些方法：

1. 一些主要的日常用品，要大量订购

例如，纸毛巾、纸餐巾、卫生纸、化妆纸、肥皂、洗手剂、防臭剂、清洁剂和牙膏，这些东西都可以通过邮政或电话订购。大量购买使我们享受便宜价格和专程送到府上的便利，这就节约时间和金钱了。

2. 购买以前，先做好计划

例如，倘若你知道自己需要一件大衣，在你走进商店以前，就要先想好颜色、质料、样式以及你负担得起的价格。这样一来，你就可以节约时间，也不会因为不清楚到底想要什么而买下一件毫无用处的东西。

3. 加入一家消费者服务社

我所加入的这家服务社，一年的费用大约六美元——但是，它为我节约好几倍的钱。这种服务社每个月给你寄商品说明书，一年给你一本目录。目录里有市场上所有的商品，从汽车到牙膏——服务社依照科学试验结果，告诉你这些商品的等级，最贵的商品，并不一定就是最好的。去年，我发现一种售价0.49美金的洗手剂，是市面上最好的牌子，但我所使用的1美元的洗手剂，等级就差很多。单单这一项节省，对我来说，就换回参加服务社的花费了。

4．使用杂记

我在办公室工作的几年里，养成记杂记的习惯。记杂记是节约时间的好方法，除非你具有超强的记忆力。不论你要安排一个宴会，上街购物，订购用品，或是计划年度的预算，你都应该养成记录的习惯。为什么你要那么辛劳地工作，脑子里填满了莎士比亚的十四行诗，或是你丈夫上司的名字更加不重要的事情？（显然我丈夫和我假如没有记杂记，就都没有办法思考了——我们屋子里的每一个抽屉，都放有小纸条和铅笔。）

这一章谈到的简易方法，如果能激励你使用它、去分析你自己处理家事的方法，还会带给你更多的益处。只要你细心地检讨一番，你会很快地找出提高工作效率的方法；你将可以节约许多被浪费的时间——甚至于可能是一整天——利用它来进行你的计划，就会和你的丈夫有更多相处的时间。

以下有三个步骤，可引导你减少你所不喜欢的工作：

首先，分析你的工作方法。在某些工作上，计划你所花费的时间，找出在哪里浪费了精力或时间。细心地检讨你特别讨厌的琐事很可能因你做事不得法，才变成令人不愉快的杂碎琐事。

其次，针对你最不喜爱的工作，看看有没有改进的方法。

假如你没有找到好方法，可以请朋友们给你建议。比如，可以请教你的丈夫——男人对于这种“简易方法的科学”，已经有了很大的贡献。或者写信给你订的报纸或妇女杂志的家庭专栏，请他们想办法。

最后，如果对于你必须处理的工作缺乏经验和技术——设法学习。有一回，亚历山大·格拉罕·贝尔向他的朋友史密索尼安协会秘书约瑟夫·亨利诉苦说，由于缺乏电学知识，他的工作已经受到妨碍。亨利先生并不同情他。他对贝尔所说的是：“学习它！”

你不必因为事情做得不好而感到内疚。如果一件事情是值得做的，那就一定做好。

任何一位具有一般才能的女人，如果想要努力，她一定可以做好基本的家事。哪怕你能雇请佣人，你也不必因为她们不知道应该如何做好自己的工作而纵容她们。

有一件事要注意：不要放弃自己真正喜爱的工作。除去杂草，你才能够观赏花朵——但是，不要一时兴起连花朵都一起拔了。对于你不喜欢的工作，要使用简易的方法，如此一来，你就可以对你喜爱的工作花费较多的心思。

有些女人从缝纫、烹调特殊菜肴，或使家具像苹果般发亮等工作中得到很大的满足。不管你的爱好是什么，要享受它——不要放弃工作的成就感。在家里使用现代效率技巧，主要的目的是——

给你空闲，去做你所喜欢的、有益的活动。

仅是一个全职太太

一位出色的社会学家告诉我，女人已经不在乎本能地处理家务有什么巨大的意义了。无论我们把女性的本能做了怎样完美的发挥，对社会来说也没有什么价值。因此，当一个女人向别人说她“仅是一个全职太太”的时候，总会感到有点畏缩和遗憾。

难道你不曾听女人用这种可怕的语句来描述她们自己吗？这种情形是否曾使你像我一样深深感到愤懑和揪心呢？世界上没有其他的工作会比创造和维护一个家庭，以及抚育这个家庭里的孩子们更加值得敬佩、对个人和整个社会更加重要，以及更具有意义了。

仅是一个全职太太——噢，老天！就好像在一个国际会议里听到一个男人说：“不必为我操心，各位先生——我只不过是美国总统而已。”

一个女人把全部的时间和精力奉献给她的家庭和家人，她应该感到骄傲。她所扮演的角色，在一个星期之中所需要的各种才华，比一个女演员在一次职业表演季里所需要的各种技艺要多得多。你有没有定下心来想过，一个全职太太需要表现多少专业技能？我开些名单给你看看。她必须是洗衣妇、厨师、保姆、护士长、裁缝师、打杂专家、兼任司机、书记员和记账员、公共关系专家、购物专家、女主人、人事主管、顾问、牢骚发泄对象、总经理和主管。

当然这些还不够，这位女士还得保持自己的吸引力和魅力——倘若她想要在丈夫的心目中保持闪烁的光芒的话。

我从未听说过哪一家公司的老板自己清扫办公室、记账和亲自打字回信。但全职太太却要完成这些工作，甚至还要更多。如果有时候在某件工作上出了一点小纰漏，又有什么值得惊奇的呢?

我真希望有人设立一种年度奖，颁给这一年的全职太太——尤其是，利用最少的时间完成最多工作的主妇。依我看来，她比所有的职业妇女、电影明星以及最会打扮的女人等都要表现出更多真正的能力和才华。

全职太太的工作，对丈夫的成功有多大的影响力呢?

我请玛丽妮亚·范韩与佛狄南·伦得柏格博士来回答这个问题。他们是《女人——被忽视的性别》这本书的作者，有很大的名气。他们说："研究结果很明显地指出，由于妻子在家里做了大部分的家务，便不必再雇请别人了，所以，丈夫收入的有效运用价值，便增加了30%—60%。"

《生活》杂志在一期"女人进退两难的处境"特刊中估计过，如果男人要请人到家里来做"一个家庭主妇"的工作，他每年就要花费大约一万美元。

即便最知名的男士，也是因为妻子的帮助才获得成功的，这些妻子对于"仅是一个全职太太"的生涯，都认为非常崇高和有意义。

《今日女性》杂志刊登了玛蜜·多特·艾森豪威尔一篇名为"如果我现在又当了新娘"的文章。在这篇文章里面，艾森豪威尔夫人说出了她最崇高的信念：

生命带给女人们的最伟大生涯，就是做个妻子。

洗小孩子的袜子和全家人的脏衣服，这是一件很烦琐的事。家庭里做不完的琐事，有时候看起来就像一些毫不起眼、无足轻重的小工作，特别当你的丈夫带回来许多重要消息，并且向你问道“你今天做了什么事呢，亲爱的”的时候，而你所能说的只是“噢，我今天付了瓦斯费……”

就是这些时刻，你一定很想到外面找个工作，处在人群里，同时赚些额外的收入。然而如果你不向那个诱惑妥协，你的生命将可以获得更多的回报。如果你向诱惑妥协了，20年后你将发觉你自己除了一个职业以外，什么东西也没有，或许你会发觉，你的家庭一直是被你和你的丈夫所遗弃的，不知如何去珍惜。

如果我现在才结婚，我还是愿意像以前那样做个全职太太。我将会努力去做，善用我丈夫低微的薪水来料理家务，多结交些朋友，每天早上都看着他吃完热腾腾的早饭以后上班，我要尽我最大的能力帮助他实现任何理想。

全职太太是我的工作和乐趣。想尽办法尽我所能，使艾克的家永远保持平衡和安定，这是我感到最奇妙、最有价值、最繁忙而快乐的生活。

作为“仅是一个全职太太”，玛蜜·艾森豪威尔做得可真不赖——

她已经帮她的丈夫进入了这世界上最大的房子——白宫。

成为他的避难所

珍·卡莱尔光彩照人，而且才华横溢，是个诗人，又继承了一笔遗产。她与苏格兰人托马斯·卡莱尔结为伉俪时，所有人都觉得她葬送了自己的幸福，她完全可以找一个出色的丈夫。尽管托马斯·卡莱尔非常睿智，这是他仅有的一点可以自豪的地方，但他鲁莽对别人一点都不亲切，还有一些怪癖。他还穷得要命，前途似乎一片渺茫。但如今，珍·卡莱尔和她那冷峻的丈夫的婚姻已经成了人们眼中的传奇。她陪着丈夫一步步走向了成功，在她的陪同和支持下他写出《法国革命》《克伦威尔的一生》等古典文学名著，又成为爱丁堡大学的校长，伦敦人把他视作偶像。文学家们常常要到他们位于敦刻尔克的家里做客。

珍·卡莱尔结婚后，丢弃了自己的工作，从而拥有了更多的时间帮助丈夫。为了丈夫的创作不受到任何干扰，他们远离家人与朋友，在一个僻静的苏格兰乡村生活。在这里，她像所有勤俭持家的全职太太一样，缝补衣服，照顾丈夫，不但治好了他的慢性胃病，还让他脱离了长久以来的郁闷情绪。接下来，公众慢慢地关注起她的丈夫，很多人都很赏识他的才华，并开始和他们夫妇交往，其中也有许多漂亮的女人。但是，由于这些女人能让她丈夫的作品更引人瞩目，所以她忍受了这一切。珍·卡莱尔从未想过要去改变丈夫的个性，这可以说是她最可贵的美德。

她写过一封至今很有名的信，信中写道："……我不是说每个人都得变成同一种类型，我不赞同这种做法。我的做法是，人们不要超出一定的圈子，圈里的人可以尽量发挥出自己独特的个性。"

或许，有的女士会认为，改变卡莱尔先生不随和的个性，对他有好处。但珍·卡莱尔喜欢丈夫的本来面貌，她也希望别人能够像她一样接纳他，因此，珍·卡莱尔任由他顺其自然，发挥个性。

如何确定男性的能力范围，是帮助男性了解自己的能力，还是促使他去做能力以外的事，都是由女性来决定的，而且，这两种态度之间的差别是十分细微的。

珍·卡莱尔做得很好，她坚信自己的丈夫是个有智慧的天才，因此，她不去改变卡莱尔粗鲁而固执的性格，情愿在他的"圈子"里生活，而不是把他改造成一个绅士型的社交高手。

不少妻子不会像她一样了解自己的丈夫。很多男性活得很悲哀，而大都是因为他们的妻子十分有野心，他们经常被妻子逼迫着去做自己能力范围之外的事。本来，许多低层职位上的男人在很敬业、很快乐地工作，如果强迫他们往上爬，只能增加他们的烦忧而已，因为他们的神经经受不住高强度的责任和压力。

有人说："宁做鸡头，不做凤尾。"将适合我们的性格、心理和能力的工作做到最好，这才是成功的真正含意。

大自然创造人类，并不是要每一个人都能成为知名的人。但是，因为社会过于吹捧那些拥有较高头衔的人，使人们误认为那些满足于低层职位的人都很懈怠。当这些人的妻子意识到这种情形时，就会提出超出自己丈夫能力的要求。在她们看来，无论是从社会上还是从经济上来看，自己的丈夫都应该像疯子一样争取到超过身边所有人的地位和收入。

上帝问我们："你们有谁能用冥想和烦忧使自己的寿命有所增加呢？"谁也做不到。但是，仍有很多妻子认为她们能做到，因此，悲剧不断地上演着。

我们来看这样一位女士，她和丈夫结婚后就一直在为丈夫的白领地位而奋斗着。到现在，已经过去20年了。原本，她丈夫是个技术高超的水管工人，并且工作得非常快乐。但是，当她看到别人的丈夫上班时拎着哪怕是什么东西也没有的公文包，而自己的丈夫却拿着里面装满了好饭好菜的便当时，她觉得十分丢脸。于是，她开始要求自己的丈夫。

这位可怜的丈夫为了让太太少啰唆几句，就到一家大公司去当抄写员，如今，他的双手再也不握螺丝刀了，而是拿着一支笔。这个太太这才觉得自己有了面子，一到空闲的时候，就把自己怎样将丈夫变成白领的故事告诉朋友，说是她的这个想法挽救了丈夫。这些年来，尽管经历了许多挫折，这位丈夫也晋升了好几级，也涨了薪水，的确比从前当水管工人的时候赚得多了，可他现在极端厌烦自己的普通文书的工作，他从这个工作中感受不到任何的乐趣。

为了多赚点钱而逼着丈夫舍弃喜爱的工作去做他不喜欢的工作，甚至让他勉强离开合适的工作岗位去得到升职的机会，有时候也是一件很不幸的事。所以，要放弃一份唾手可得的工作必须要有相当的勇气。也许人们不会相信这个事实，那么，我们可以看看可里夫·西瓦茨门的例子。

可里夫·西瓦茨门在檀香山警察局做警车巡逻员。小女儿出生后不久，他就被调到其他部门工作。虽然这个职位的薪水更多，但压力也更大，工作时间也更长，他压根抽不出时间来照料自己的家人。作为一名合格的警察，他接受了调令，并尽力做好新工作。看上去，秩序井然。

可是，他开始失眠了，体重迅速下降，脾气也变得很暴躁。他去自己的医生那里看病，却被告知自己什么毛病都没有。最终，医生跟他进行了一番长谈，终于明白，让他生病的正是他自己。于是，医生打电话给警察局局长，告诉他，只有让西瓦茨门回巡逻部再去当警车巡逻员，他才能继续工作，不然他肯定坚持不住了，警方也会失去一名优秀的警员。

警车巡逻员回到了老岗位上，他的身体马上就恢复了，一切都回到了正轨，包括吃饭、睡觉、健康、脾气。他说："在我看来，领取高薪远远没有从事自己喜爱的工作重要。从这件事上，我得出一些经验：金钱远不如健康的身体和快乐满足的生活来得重要。"

里夫·西瓦茨门十分幸运，他能立刻地明白这个道理。可有的人从来没能明白这个道理。约翰·麦肯特的小说《死亡据点》里面的主人公就是这样的人。书中描写的社会十分看重物质生活，比起贵族学校、高级的娱乐场所、时髦的衣饰来说，个性显得那么无足轻重。而妻子为了满足自己的虚荣心，不断鼓动丈夫为了社会地位而努力往上爬，尽管丈夫不喜欢这种方式，可是他听了妻子的话。直到最后，他发现自己已经走投无路，陷入了一个与他的性格格格不入的社交圈。

有时候，太太们的虚荣心会造成更严重的后果。《时代周刊》里有一个非常引人注意的文章标题：美国官员的野心致使其死亡。其内容是：一名41岁的国会议员自缢了，负责调查此案的警察说，因为这位官员的“野心受到了打击”，所以才会自杀。这名官员非常想当外交官。可他三次参加相关考试都败北了。由此可见，我们做事不要超出自己的能力范围，否则，会害了自己。

不论是妻子还是丈夫，都不要期望自己或对方能得到能力范围之外的成功。皮特·斯单科龙博士在其著作《如果你能停止自杀》中指责过那些过分强迫丈夫的妻子们，她们要求丈夫能够无节制地赚更多的钱，她们要生活得更好，获得更高的地位。他说：“这种天生喜欢追逐名利或者被别人影响而变得这样的女人使得许多家庭的幸福都不复存在了，这是我亲眼目睹的。”

因此，让丈夫自由地发展他们的个性吧！不要逼迫他去达到所谓“成功”的境界。

安德里·因罗伊思曾写过一本叫作《生活的艺术》的书，他说：“一个旅行家不可能走遍每个村庄，一个作家也不可能把每部小说都写得完美无瑕，一个政治家更不可能把改革中的每个细节都做到位。我再强调一遍，我们必须毅然地放弃对自己并不适宜的计划。”

如果做太太的鼓励自己的丈夫，爱他，陪着他吃苦，和他一起奋斗，他一定能成功。但是，太太一定不要逼迫自己的丈夫做他能力范围之外的事情，也不要给他太大的压力。

你的男人你做主

据有关专家的调查统计，五十岁左右死亡的男性人数比女性多70%—80%。如今，你是不是已经知晓如何悄无声息地谋杀你的丈夫了？只要你让他不停地吃富含油脂、高淀粉的东西，让他的体重超过标准体重的15%—25%就行了。接着，你就可以安心地想象一下，你将成为一个美丽动人的寡妇。其实，这种想象很快就会变成现实。

专家们认为，丈夫之所以提前身亡，绝大部分原因是妻子不能很好地照顾丈夫。鲁伊士·爱·都柏林博士就在《人间生活》杂志上刊载过一篇“不要谋杀亲夫”的文章。他说：“我在一家人寿保险公司做了四十多年的统计工作，我所得到的结果是，很多男人提前去世了。倘若这些男人的妻子能细心周到地照顾丈夫，他们也许能多活几年。”都柏林博士之前仔细研究过肥胖与死亡率之间的关系，因此，在这个问题上，可以说他是权威的专家。

纽约市席耐山医院的赫尔波特·白那可医生是一名新陈代谢疾病主治医师。他曾在《现代妇女》杂志上刊登过一篇叫作“丈夫们为何提前死亡”的文章。他说：“现在，有一种方法能让丈夫们长寿，只要你掌握这种方法就能做到，自然，前提是你真的想让丈夫健康地生活。那些经常处于吃不饱的苦力劳工都比你那超重的丈夫更长寿。”

在圣路易，美国科学促进协会曾召开过一个会议，克莱敦大学的一位医生说：“虽然战争已经结束，但是，在餐桌去世的人却比在战争中死亡的人还要多。”由此可见，妻子对于丈夫的肥胖负有无法推卸的责任。妻子饭菜的质量往往与丈夫的腰围成正比，因为妻子做的食物是给丈夫吃的。当妻子端出那些精心烹制的点心时，丈夫怎可能拒绝食用呢？就连亚当也会为自己辩解：“这个诱惑使我无法违抗。”

随着男性年纪的增长，他们身体的运动量在逐渐地降低，他们所需的食物分量也应该逐渐减少。

可情况正好相反，他们却更能吃了。妻子的职责在于：帮丈夫养成良好的饮食习惯，少吃高热量的食物。若是你不知道怎么做，你就去问问医生。他会十分高兴地告诉你，如何安排饮食才能让丈夫的精神好一点，减少他的体重。

弗吉尼亚·怀特海德博士是面粉协会的营养专家。他认为，最有效的减肥方法是尽量少吃油脂过多的食物。人们应该根据体力的需求平均分配日常饮食，食用相同数量的东西。而且，一日三餐都应食用包括动植物蛋白质的食物。

照顾好你的丈夫，不要让他早上一醒来就急忙地起床；不要让他一边夹着公文包下楼一边吃早餐；在家用早餐时，不要让他担心时间不够。由于用餐时间不够，很多家庭都在匆忙中忽略了早餐的重要性。基于这种现象，身为巴尔的摩神经精神学院的神经科主任罗伯特·沙利格博士说生活在都市的男性基本上是这样吃早餐的：“早餐还没吃完，就冲出门去赶早上的专车；继而一直工作到中午，随便在快餐店解决午饭，甚至一边开会一边吃快餐。”他提倡，妻子应该早一点起床，让丈夫安安心心地吃一顿有营养的早餐。

我的朋友克拉克·朴利森夫人听了这个建议后，就严格地照着做了。结果让她相当满意。

朴利森先生在纽约最好的房产代理商——比司和艾里门公司担任财务总监和副总经理。公务繁重，朴利森先生经常把工作带回家。可是，他实在是太疲惫了，压根没有精力把所有工作在晚上做完。每当此时，他太太就建议，晚上可以早点睡，第二天早上早点起床。他们都觉得这种安排十分合理，所以，即使朴利森先生没有工作要做，他们每天也都这么做。

朴利森太太说："我们享受着每天早上的一个小时。首先，我们会笃定地吃一顿营养早餐，然后，如果他需要工作，他就去工作。早上既没有电话，也没有人来拜访，没有任何声音来打扰我们。他不需要工作时，就会用看书、画画或做家务来放松心情。有时，我们一起到花园里享受早晨清新的空气。因为我们每天早晨都享受这种安静而舒适的生活，因此，我们都觉得，不论发生什么事，我们都能把它解决得很好。不过，习惯晚睡的人最好不要这样做，我们每天都早早地就睡了。"

如果你是匆忙的上班族，也可以试试这个方法。或许，这个方法会对你大有好处。你不会觉得每天的开始都那么紧张。如果你按照以下原则去做，你丈夫的生命就会得到延长。首先，向保险公司要一张体重和寿命的参考表，任何一家保险公司都会提供这样的表。你能够看看你丈夫的体重标准是否超过10%。假如他已经超重了，马上到医生那儿开一张饮食表。

丈夫的体重也是自己的体重，你应该像保护自己一样，细心地保持他的体重。但是，不要让他盲从地减肥，或者随便服用广告上的减肥药。你必须在医生的指导下为丈夫减肥。为了配合医生的减肥处方，你要尽可能将丈夫吃的食物做得色香味俱全，不要总是迫不得已地说："为了你的身体，你就不要挑剔了！"

预防是治病的最好良方。作为妻子，每年都要陪丈夫接受内科、牙科和眼科的健康普查，这样可以及早发现丈夫是否患有心脏病、糖尿病、癌症等疾病，以便立即治疗。据美国糖尿病协会统计，美国至少有三百万糖尿病患者，大约有一百万以上的人对自己的病毫无察觉。

生活中，很多人都将自己的汽车照顾得无微不至，却不知道如何照顾好自己，这是很可悲的。所以，作为妻子，你一定要让丈夫去医院做定期的健康普查。另外，不要让丈夫过度辛苦。即使他的野心会给他带来成功，但也容易使他透支自己的生命，无法享受美好的人生。如果升职的压力让人难以承受，太太就应该尽力劝说他离开这个职位。

诺曼·文森·比尔博士是纽约马克尔教会的传教士，他在印第安的那柏里演讲时说："现代美国人的生活节奏过于紧张，人们很难平心静气。让他们在听到以后能够安然睡去也是一件很难的事情。可以说，这是美国历史上最神经质的一代。"

有时，妻子的态度也许能左右丈夫对自己的要求，甚至决定着丈夫要求自己的程度。假如只有提前去世才能赚更多的钱，你应该尽快让丈夫停止这种自杀的行为；如果他的野心太大，你应该告诉他学会满足，让他对现有的成绩产生满足感。

1. 要让丈夫休息好

抵抗疲劳的最好方法就是在疲倦前休息。比如，美军在行军时，士兵们会在每隔1小时被迫歇息10分钟。倘若你的丈夫能每天都回家吃午餐，你可以在他吃完后让他躺下休息10分钟左右，或者让他在晚餐前休息一会儿。不管怎样，这样可以让他多活几年——短暂的休息会产生意想不到的效果。小说家索莫西·莫姆每天午餐后都会休息15分钟，到了七十多岁，他仍然精力旺盛，每天都以饱满的情绪投入工作中。温斯顿·丘吉尔在午餐后也要休息一两个小时。朱力安·泰特门每天中午都坚持睡午觉，八十多岁时，依然在纽约塔利顿的一家苗圃里快乐地工作着。泰特门先生说，午睡的习惯让他的生活像小提琴曲那样美妙。

2. 要过快乐的家庭生活

妻子如果每天唠叨不停，会使丈夫们情绪萎靡，无法专心地工作和生活，这样不但会妨碍丈夫们的成功，还能危及到他们的身体健康。一个郁郁寡欢或者脾气暴躁的男人内心的压抑积累到一定程度时，很容易不恰当地爆发出来。比如，突然被一辆汽车撞倒；在公路上撞上别人；在公司发生斗殴；如果他是工人，也许会在忽然之间变得暴饮暴食。康奈尔大学的哈利·古德博士说："人们通常会用大吃一顿的方法来摆脱紧张压抑的情绪。"

无论作妻子的是否喜欢，她都要对丈夫的身体健康负责。因为我们生活的主要目的就是尽情地享受人生。只有拥有一个健康的身体才能做到这一点。每个已婚男人的呼吁是：我的身体由你负责。

妻子的良好素质

你想做一名好妻子吗？多年来，专家们反复讨论，最后归纳出10条好妻子应当遵循的准则。倘若妻子能坚持按以下10个原则来做，家庭就会更加和谐，夫妻感情也会日久弥笃：

（1）真正理解爱的寓意；

（2）没有“完美的婚姻”，只有更好的婚姻；

（3）了解并满足丈夫的特殊需求；

（4）不要过于依靠父母，不要随意指责、评论丈夫的亲戚；

（5）不要强迫，要懂得运用赞赏和鼓励；

（6）清楚占有欲和嫉妒心；

（7）不要埋怨或命令丈夫，要用温柔让他听你的话；

（8）责备或攻击根本不能改变丈夫的想法；

（9）不要刚愎自用；

（10）遇事要有耐心，要有容忍、大度的胸怀。

对于一个刚成家的女人来说，婚姻就像一部充满了浪漫情怀的幻想曲，婚姻就是蜜月的生活。可当严峻的现实考验你时，你会发现，所有的事实都和你幻想的不同。是丈夫变了吗？还是你自己变了呢？你再也不是从前那个既可爱又有耐心、才华出众的女性了，你们两个人都变了吗？

你希望梦想成真吗？那么，让我们共同体会这10条准则真正的内涵吧。

1. 真正理解爱的含意

众多女性觉得，她们年轻时的确恋爱过，当然，那时候确实是恋爱，不过，她们结婚后经常会置疑这一点。有时候还会认为目前的婚姻根本就是个严重的错误，自己找错了结婚对象。

其实，你年轻时幻想的爱情实在是太单纯了，事实上，爱情没那么简单。首先，你自己必须可爱，才会有人来爱你。可是，如果想做到这点，是要贯彻始终的，并非短期就可以实现。这和你的自身观点是否发生根本性变化有关。你肯定也渴望丈夫发生变化，自然他确实有很多不完美的地方。如果你们的感情还不成熟，那么你就无法使丈夫有所改变。保罗在写给科林斯人的一封信中说："爱情会永远成功。"意思是说，只要你想拥有成熟的爱情，你就能获得成功的婚姻。这是以教训、挑剔或者哀求的办法所不可能做到的。

即便性很具诱惑力，但是爱情不是男女之间的互相喜欢，更不是青春期少女的痴情。爱情是一种能力，它能够用热爱生活、热爱朋友、自爱以及其他的爱等多种方式表达出来。谁也不能得到全部的爱。如果你希望丈夫爱你，你必须把自己的爱用他能接受的方式奉献给他才行。一些在不擅长感情表达的家庭中长大的男性往往很有自制力，他们也只能接受含蓄的爱情表达方式。如果妻子生活在情感外向、充满柔情的家庭，那么，她一定会对丈夫的表达方式有所抱怨。

爱情不是简单的两情相悦，也不是同情，必须有双方都能接受的爱的表达方式才能称之为爱情。爱情是奉献，而不是索取。

倘若你爱自己的丈夫，就应该体贴他，对他要有耐心，原谅他的失败，满足他的需求，不要批评指责他。生硬和哀求的态度都不能获得爱情，因为，你的样子不能让他发自内心地爱你。

2. 没有“完美的婚姻”，只有更好的婚姻

世界上不存在完美的人，因此，也不会有完美的婚姻存在。年轻人经常对婚姻怀着不切实际的幻想。即便现实生活中也有一些十分理想的婚姻，但是，你要明白这是夫妻双方共同努力了多年的结果。

婚姻生活就像一个新的旅途，从现在开始，你必须做好长期吃苦的心理准备，这样，你才有可能赢得美满、和谐的婚姻。在这个新的旅途中，“乏味的工作、孩子的尿布和贷款”占据了她所有的精力。此外，婚后，你渐渐发现丈夫开始显露出恋爱时没有表露出来的毛病——自然，他也发现了你的一些他从未发觉的缺点——你们都不是对方所想象的那个人。你们之间开始出现分歧、矛盾，也开始争吵、发怒。所有的这些都不在你的意想之中。在所有的人际关系中，婚姻关系是最棘手、最复杂的，要有很好的耐心和技巧才能处理好婚姻关系，这需要人们感情和精神上的双重成熟。而要全部做到，是非常不易的。但是，如果你愿意为此而努力，你一定会拥有一桩美满的婚姻。

3. 了解并满足丈夫的特殊需求

每个人都是绝无仅有的，你的丈夫也不例外。他和你一样是不同于其他人的综合体。他有男人的刚强和力量，有自己的缺点、需求和喜好。总而言之，你不要用你想象中的方法去使

他高兴。虽然你有着取悦丈夫的强烈愿望，但是，也许你的方法不能满足他的需求，你也达不到目的。

也许，你的丈夫需要的是你的温柔多情。如果他是一个整洁而细腻的人，他希望家里有条不紊，如果家里一团糟，他可能会很烦躁，甚至发脾气；如果他很喜欢运动，毫不关心家里是不是井然有序，他就希望妻子能和他一起去运动；如果他是一个脾气暴躁、很容易冲动的人，他就希望你也和他一样来对待生活；如果他十分精于算计，喜欢有计划、比较稳定的生活，就希望你也能如此。对你丈夫而言，那些像“顺从他的意愿就能取悦他的心”之类的经验之谈，也许管用，也许根本行不通。

然而，你不能对他的爱好有什么不好的看法，这是十分不利的，坚决要将它摒弃，你应该发现丈夫真正喜欢的东西。如果起初你不能满足他的全部需求，不要认为你们的婚姻是错误的，因为谁也不能让别人完全满意。同样的，如果丈夫没能满足你的所有要求，你也不能就这样认为他不适合做你的丈夫。不管怎样，你应该努力去满足丈夫的特殊需求。如果丈夫提出的要求是无理的、不符合实际的，你也应该马上说出自己的想法，维护自己的尊严，不要对此委曲求全。丈夫的需求要靠你热烈的爱去满足，而不是去祈求丈夫的爱。

4. 不要过于依赖父母，不要随意指责、评论丈夫的亲戚

在你还是少女的时候，你与父母一起生活了很多年，你很依赖他们。在你婚后的头几年中，无论做什么事，你都要依赖父母，但你逐渐地成熟起来、独立起来，也就会慢慢地减少对他们的依靠，直到有一天你完全独立。父母都爱自己的子女，即使他们意识到应该让女儿独立处理事务，但又怕就此失去女

儿。这种潜意识的恐惧感会以多种形式反映出来，比如随时指点女儿的生活，也许这些指点非常有效、非常明智，甚至可以完全操控她的生活，因为他们不愿女儿犯过错。但是，父母的这种做法会导致一些30—40岁的妇女回家探望父母时还表现得像孩子一样，有些女性可能还会因此对父母抱怨。一位38岁的女士说："每次我回家看望妈妈时，她总让我觉得自己还是个8岁的孩子。她给我照料孩子，告诉我应该怎样对待自己的丈夫，哪些事是能做的，哪些事是不能做的。她总觉得我还很幼稚，在我回家以后，她还会写许多长信来指点我。我爱她，但是更期望她能让我犯些错误，好让我在错误中成熟起来。"

由此可见，母亲对女儿有强烈的控制欲和占有心理，虽然她表示要让女儿独立，可她无法割断亲情，她天生就有要满足儿女需求的愿望。另一方面，女儿虽然意识到自己应该自立，但感觉自己还是需要母亲的帮助，觉得自己还不成熟，没有断然独立的能力，因此，对于母亲的干涉，做不到断然拒绝。

维系良好婚姻的另一条重要规则是：永远不要指责丈夫的亲戚。也许丈夫对某个亲戚的行为十分不满，甚至会责怪自己的父母，与兄弟吵架，和姐妹不和，但是，你千万不要轻易评价他们，让他自己去发泄吧，他肯定不会喜欢你的指责，你应该保持忍耐。同样，丈夫也没有权力去指责你的亲朋好友，因为那是你的家庭。

5. 用鼓励和赞赏取代强迫

一位丈夫在给我的信中说："我妻子总是埋怨我，她说我忽视她的努力，说我从来不欣赏她的穿着，从不告诉她是否特别漂亮，从不夸奖她花了一天时间把屋子收拾得整洁明亮。

倘若我觉得她做的只是平常平凡的工作，她就会很生气，很伤心。可我拿薪水回家时，她也不会特别激动，也不赞赏一句我这个上进、诚实可靠的丈夫。我并不介意她的小气。我不清楚，她怎么总希望我表扬她做的煎蛋卷、可口的饭菜，还有她的新式发型呢？难道这些不是她理应做的吗？难道我就应该每天工作得疲惫不堪吗？”通常情况下，女性非常盼望男性的安慰，而男性则不然。如果你竭尽全力做出一顿美味可口的饭菜，也许会盼望丈夫能夸赞几句。可惜，很多丈夫都没有这么做，因为男性没有像女性一样对周围的事物那么关心，他不会注意每日的食物，也不会关注妻子的穿着，所以，他很少赞赏别人。其实，丈夫同样也需要安慰和表扬。

如果妻子总是强迫丈夫赞赏她，或者抱怨丈夫太冷淡，那么丈夫也许就会逃避妻子，或者对妻子产生反感。最机智的做法是先表扬丈夫具有的那些你所期望的品质，如果你的丈夫对周围的事物不是很在意，或者太利己，不晓得你需要什么，你应该温柔地让他知道你在想什么。如果你总是抱怨，或者弄得可怜兮兮的，那么，只能让他反感而已。另外，任何男人也不愿意被人看成小男孩，因此，不要用母亲责备孩子的口气谴责丈夫。温柔和机智可以取得胜利，指责和强迫则注定会失败。

没有天生的好丈夫，但是一个聪明、有耐心的妻子采用恰当的方式能造就出一个好丈夫，让丈夫在不知不觉中接受自己的观点，同时还学到不少东西。假如你对丈夫的态度十分强硬，那他学不到任何东西，更不会成为一个好丈夫。

6. 嫉妒心非常可怕

只要不过分，人人都可以在一定程度上拥有妒忌心。但是，当嫉妒演变成占有欲时，它就具有极大的危害性了。嫉妒心和占有欲是紧密相关的，而缺乏安全感是过度占有欲的根本原因。

这种占有欲会让丈夫感到伤心，从而离开家，甚至把目光转向其他的女性。假如你有很强烈的不安全感，就一定会出现这种情况，而且你无法消除这种障碍，这时你应当去请教婚姻专家，你需要很长的时间和耐心才能使这种状况得到改进。

7. 用温情迎接丈夫

倘若丈夫满怀热忱地回了家，你一定会非常高兴，因为你有这种正当的需求。如果这种需求没有得到满足，你就会感到失落。其实，丈夫也和你一样，当他下班回家时，他希望你能热烈地拥抱或亲吻他，如果你没有这样做，他也会感到遗憾。假如迎接他的是一些让人心烦的琐事，比如孩子又闯祸了，下水道又坏了，又该清理垃圾了等，这时，夫妻二人就容易闹矛盾。

你觉得自己每天的生活都特别繁忙，负担特别重，想让丈夫为你分担，你想让他成为你的依靠，可他根本不理你，还不耐烦地嘀咕几句，你会感到十分伤心。其实，丈夫是很关心你的，他只是也有许多需求没有得到满足，你应该理解他才是。

无论你是否有这个习惯，你都应该试着热切地迎接丈夫，不要一见面就向他诉苦、报怨，你可以稍等一会儿再说那些让人烦恼的事，这对你们是非常有好处的。事实上，他其实不太会理解人、不太擅长交谈和赞扬，他和你想象中的人是不一样的。或许，你会觉得这个终身伴侣比你理想中的人要差很多，他对你也有这样的看法。当他拿着报纸坐在电视机前时，他的心里也许在想："结婚以前，我的日子过得很平静，从来都没有坏消息和牢骚能让我心烦，为什么我要舍弃自由而结婚呢？"

婚姻生活中出现的这种局面，并不是绝对由错与对的两方来区分的，它只是冲突的一种表面现象罢了。因为双方都不想奉献，只想索取，只有更成熟、更懂得爱情、更理解人的一方才能打破这种僵持。如果你不想让这种局面继续下去，就应该为此而努力，多给丈夫一点赞美，温柔地对他，但不要期望你的努力会马上得到回报。也许丈夫会奇怪你的突然改变："她想干什么？"如果你希望自己的婚姻美满、和谐，就应该更加努力，一年甚至5年，最终，他会折服于你的温柔和体贴下。

8. 责备和攻击不能改变丈夫

首先，我们应当清楚，我们不可能直接地改变别人；其次，我们只能更新自己；最后，当我们更新了自己时，别人也同样会改变他自己。每个人都应该记住这三条原则。假如你不能放弃改变丈夫，那么，你就不会获得美满的婚姻。那种"你必须得服从我"的一家之大的态度只会令对方反感，所以，这种办法并不可取。爱可以改变人，恨却只能招来更大的敌对情绪。

有时候，你确实有表达自己感情的权利，但表达感情的方法却是十分重要的。看看下面两种不同的态度，考虑它们会产生哪些不同的效果：

“我再也不想忍耐了！你总忘记我们的结婚纪念日，也从来不和我说话，不关心孩子，我们也很久没有出去吃饭了。”

“亲爱的，最近我遇到了点麻烦的事，或许你可以帮助我。这段时间，我心里很郁闷，状态不佳，我本来想去检查一下，可现在我想可能是其他原因造成的。我是突然发现这种情况的，可能是孩子们太顽皮了，我常常感到非常心烦。我知道你也很疲倦，有时候你的情绪也不太好，可我还总是很无理，对什么都不满意。也许你觉得我不爱你了，其实我和从前一样爱你。你知道吗？现在我觉得我不像成家前对你那么好了，那时我不啰唆。假如我现在特别爱唠叨，我希望你能提醒我……噢，亲爱的，如果我们重新开始，那会怎么样呢？我会尽力让自己更温柔，来摆脱那些郁闷的情绪。当然，我无权改变你，也不想改变你。找个时间拜托别人照顾我们的孩子，我们一起出去散散心，或者先去野餐，然后再到处逛逛，那是多么美好的事啊！有时候，我们也应该留点时间给自己，你觉得呢？”

对此，或许有的丈夫会立刻有所反应，有的则不然。对于后者，只要你再稍加努力就可以了。当然，这种温柔的方式只适用于想跟丈夫表示爱意的时候，你不能把它作为一种达到自己目的的手段。倘若丈夫很敏感，他就会马上有所反应；如果他反应比较迟缓，可能需要一年的时间，或者更长的时间。无论如何，都是值得尝试一下的。不要去命令、强迫，或者哀求。停止企图改变丈夫的行为，把你对丈夫的爱情和良好的耐心展现出来。

9. 不要自以为是

不是每个人都有刚愎自用这个毛病的，但是很多在优越的环境中长大的男女都会有，他们总有一种“觉得自己比别人强”的特殊优越感。实际上，人与人之间只存在着差别，没有什么人是特殊的。如果一个聪明美丽的女孩千百次地听到别人夸奖，她就会认为她确实是这样，因为她的亲朋好友都是这么说的。通常情况下，如果她是父母最宠信或是最小的孩子，她会比一般人都要敏感。如果还有某些特长，她就会逐渐认为自己十分特殊。从摆布爸爸开始，她很快就能学会如何控制别人。这种从小就有的自负的心理是十分幼稚的。只有摒弃这种不良的思想，才能真正地成长。

每个人都希望自己比别人特殊。一个刚愎自用的人只会提出不合情理的要求，对别人动辄命令，当自己的愿望不能实现时，就开始生气，绝对想不到给予他人什么关怀。她甚至会把买必需品的钱用来买奢侈品。另外，她在说自己的要求时总是用一种十分强硬的口气。只要她稍微聪明一点，就会为了实现自己的要求而玩弄手段。如果你发现自己也是这样，即便这种情况不十分明显，你也要从现在开始戒掉这种恶习。

10. 遇事要有耐心

有一位女士在婚前就知道丈夫喜欢喝酒，但她说：“酗酒只是个小毛病，轻易就能改掉。更何况，他很少饮酒过度。如果他爱我，我想，他会克制自己的。”结果，丈夫听到这些话后，变得更加紧张，喝得反而更严重了。

还有一位妻子的丈夫非常喜欢打高尔夫球，在结婚以前，妻子从来没有为此事烦恼过；但是婚后，每逢周末，丈夫就和朋友们一起去玩球，把她一个人扔在家里。对此，妻子开始埋怨丈夫让她寂寞地守空房。

一些女性特别想结婚、组建家庭、养育孩子，所以，她认为丈夫的不易觉察的缺点和小毛病不是什么问题，有些盲目乐观。另外，她总是想着“爱情能够改变一切”。一般情况下，只有成熟的爱情才能解决这些问题。爱情是需要耐心的，所以，耐心对于正确、成熟的爱情是不可或缺的，只有成熟的爱情才能持久。

总之，妻子不要指责、埋怨，或者命令。你批评的次数越多，丈夫就愈加逃避。哪怕你说得完全正确，你也不能控制丈夫。“爱情能带来一切希望”，对于丈夫的酗酒，迷恋高尔夫球，一心看电视；对于丈夫的忽视于你，不记得你们的结婚纪念日；对于他的粗枝大叶、蛮不讲理等缺点，如果你发脾气，或者表现得很受伤，都是无效的。你需要极大的耐心来容忍这些难以接受的行为，但是，只有有耐心才能建立美好的婚姻。

当然，有耐心并不代表你无权表达自己的观点。婚姻也没有赋予丈夫控制你的权利，你可以坚持自己的原则，不要委曲求全。换而言之，耐心地对待他人并不会使我们丧失自己选择的权利。

给唠叨妻子的警示

拿破仑·庞纳派德的侄子——法国皇帝拿破仑三世爱上了世界上最美丽的女人依琴尼·迪芭女伯爵，他们迅速坠入爱河……最终，他们喜结连理。拿破仑三世的大臣们都说，迪芭只是西班牙一个没什么权力的伯爵的女儿，可是拿破仑回答说："这有什么关系吗？"

的确，拿破仑从她的优雅、诱惑、美丽中感到了无限的幸福。在一次激烈的言论中，拿破仑向全国宣布："我想要一位我所敬爱的女人成为我的妻子，我不想要一个自己素不相识的女人。"

拿破仑和他的新娘子拥有所有的完满婚姻所具备的婚姻圣火——健康、权力、声望、美貌、爱情——从未有像他们这样耀眼、炽热的爱情之火。

可好景不长，这股炽烈而耀眼的火焰却逐渐熄灭了，最终化为灰烬。拿破仑可以让迪芭女伯爵登上皇后的宝座，却无法以他爱情的力量、国王的权威，让她无理的没完没了的唠叨稍微停歇下来。

嫉妒和猜忌困扰着迪芭，让她备受折磨。她无视拿破仑的命令，不允许拿破仑对她有丝毫秘密。她鲁莽地闯入拿破仑正在处理国事的办公室……她破坏了拿破仑与大臣们的重要会议。她禁止拿破仑独处，总怕拿破仑爱上其他女人。

她经常找自己的姐妹诉苦、哭泣，喋喋不休地埋怨自己的丈夫……她会莽撞地到他的书房大发雷霆地责骂他……身为一国之主，拿破仑拥有许多豪华的宫殿，可他找不到一间能够让他安逸的小屋子。

依琴尼·迪芭这样无理取闹，得到了什么呢？也许在莱茵·哈特的名著《拿破仑与依琴尼·迪芭——帝国的悲喜剧》一书中，我们可以找到答案，现在，我把它摘录下来：

从此以后，拿破仑总是在晚上从宫殿的一扇小门悄悄溜出去，用软帽遮住眉眼，由一个亲信侍从陪同，去与一位正盼望着他的美丽女郎幽会。他们有时漫步在巴黎城内，有时去观赏平时国王难得一见的那些夜生活。

这种情形就是依琴尼·迪芭小姐所立下的汗马功劳。实际上，她贵为皇后，她的美貌倾国倾城，可是以其皇后之尊、倾国的美貌却不能使爱情存在于无理的吵闹之中。迪芭尼曾放声哭诉："我最怕的事终于降临到我的头上了。"

不幸降临到她头上，那完全是她自食其果！这个可怜的女人最终没能明白，他们的爱情完全是毁在她的嫉妒和永无休止的吵闹中。

吵闹是地狱之魔所发明的各种熄灭爱情火焰最可怕的一种方法。吵闹就像被毒蛇咬了一口一样，惨绝人寰。

俄国大文豪托尔斯泰的夫人也犯这样的错误，等她发现时，已经后悔莫及。临终前，她向女儿们忏悔道："完全是因为我，你们的父亲才会逝世的。”她的女儿们无言以对，只是失声痛哭。

她们知道母亲说的是事实。她们的父亲是在她们的母亲无休止的埋怨、长久的批评下才去世的。

托尔斯泰伯爵和他的夫人所处的环境十分优裕，按理来说，他们应当非常幸福才对。托尔斯泰是历史上最著名的作家之一，他的著作《战争与和平》《安娜·卡列尼娜》等在文学领域闪耀着不朽的光芒。

托尔斯泰为人们所拥护，他的支持者甚至整天跟随在他的左右，以最快的速度记录他所说的每一句话。即便他说“我想我该去睡了！”类似于这种平淡无奇的话，也都会被记录下来。现在，俄国政府把他所有写过的字句都印成书籍，加起来有一百卷之多。

除了声望之外，托尔斯泰夫妇拥有地位、财产、孩子。全世界，像他们那样美满的婚姻几乎已经没有了，他们的结合似乎是太完美、太热烈了，因此，他们跪地祷告，祈求上帝能继续赐给他们这样的快乐。

后来，发生了一件重大的事，逐渐地，托尔斯泰像换了个人似的，他居然对自己过去的作品感到惭愧。从那时起，他把自己的余生贡献于写宣传和平、消弭战争、解除贫困的小册子。

他为自己追悔着，年轻的时候，他犯过各种难以想象的罪恶和过错，甚至谋杀……他要虔诚地遵从耶稣基督的教诲。他把所有的土地都送给了别人，而自己则过着清贫的生活。他去田间干农活，伐木，堆草，自己做鞋，打扫屋子，用木碗盛饭，并试图尽量去喜欢他的仇人。

托尔斯泰的一生应该是一幕悲剧，而婚姻就是造成这个悲剧的原因。他妻子爱慕虚荣，喜欢过奢侈的日子，可是他鄙弃这些。她渴望显耀的地位、崇高的名誉、世人的赞美，可托尔斯泰却对这些嗤之以鼻。她希望拥有财富，而他却认为私人财富是一种罪过。

这样的情形持续了很多年，因为托尔斯泰坚持放弃他所有作品的出版权，不收任何稿费、版税，她为此而哭闹、谩骂，并希望从中得到财富。

当他抗议妻子的做法时，妻子就会像精神病一样哭闹，在地板上打滚……她要挟丈夫，说要吞鸦片烟膏自杀，同时还说要跳井。

在他们的生活中，我觉得，有一件事是历史上最悲惨的一幕。起初，他们的婚姻是十分美满的，可是，经过48年后，他已无法忍受自己的妻子。

在某个夜晚，这个年迈而悲伤地渴望着爱情的妻子跪在丈夫膝前，央告他诵读他50年前为她写的最动听的情诗。当他读到那些诗句，回想那些美丽而甜蜜的日子，到如今已成往事时，他们都激动得痛哭起来……现实的生活和逝去的记忆，那是多么迥然不同。最后，当托尔斯泰82岁时，他再也无法忍耐家庭的折磨，1910年10月，在一个大雪纷飞的夜晚，托尔斯泰逃出家门，逃离了他的妻子，逃向寒冷而黑暗的天地，不知所踪。

11天后，得了肺炎的托尔斯泰倒在一个车站里，临终之时，他的请求是：别让我的妻子来看我。

这就是托尔斯泰夫人因她的埋怨、吵闹、无理谩骂所付出的代价。

或许，在人们看来，她某些吵闹不是很无理！没错，我们承认这种说法，可是，这是我们讨论的问题吗？最重要的是，那种喋喋不休的吵闹到底是对她有什么帮助，还是让事情变得更加难以收场呢？

“我想，我真是神经错乱了！”托尔斯泰夫人说出这句话时，已经无可挽回了。

林肯一生中最大的悲剧，不是他的被刺，而是他的婚姻。请你注意，他的悲剧是他的婚姻！当约翰·威尔克斯·布恩向他开了那罪恶的一枪时，他并未觉得自己已经遇刺……因为他几乎每天都生活在难以忍受的折磨中。

他的法律伙伴哈顿早已用“处在不幸的婚姻所造成的痛苦中”来形容23年来林肯的家庭生活。大约有1/4世纪的时间，林肯都是在妻子喋喋不休的埋怨下疲惫而困难地生活着，直到生命终结。

她总是在抱怨和批评林肯，她认为林肯做的每一件事都是错的。她抱怨丈夫走路的时候呆板，动作粗鲁，甚至学林肯走路的样子来讥讽他，她不停地抱怨，要林肯改变走路的姿势。

她不爱看他的头和成直角的两只大耳朵，还指责林肯的鼻子不够挺拔，又说他嘴唇难看……手长脚长，偏偏脑袋又那么小，还说林肯像得了痨病似的。

不管是在教养、性情、志趣、智商和外貌上，林肯和他的妻子都是迥然不同的。他们在彼此的激怒和敌对中过着凄惨的婚姻生活。

已故议员皮弗瑞滋是研究林肯一生的权威人士。他这样写道："隔着一条街都能听到林肯夫人那尖利而刺耳的声音。邻居们总能听见她不断地吼叫着。她常用言语以外的方式发泄她的怒气，而要形容她那副愤怒的表情是十分不易的事情。"

有这样一个例子:林肯夫妇婚后不久就和欧莉夫人住在一起。欧莉夫人是春田镇上一位医生的遗孀，她以出租自己的房屋来贴补家用。

一天早晨，林肯夫妇正在吃早餐，不知什么原因，林肯让他的妻子生气了。一怒之下，林肯夫人当着众位房客的面，拿起一杯热咖啡，泼在丈夫的脸上。

林肯一言不发，忍耐地坐在位子上。这时，欧莉夫人拿来一块毛巾，帮林肯擦去了脸上和衣服上的咖啡。

林肯太太的嫉妒几乎到了不可理喻的程度，她是那么凶狠、暴虐……只需看一下她在人们面前做的那些丢脸的可怜事，哪怕是过了75年再看这些事，也会让人难以想象。最终，她变得神经错乱——如果说得厚道一点的话，她本来就是有点儿神经质的。

林肯被她的吵闹、斥骂、无休止的唠叨改变了吗？换个角度来看，没错，这的确让林肯改变了对她的态度，林肯后悔自己和她结了婚，想尽办法回避她。

春田镇有十一位律师，他们不能都在春田镇赚钱，所以他们经常骑着马，跟着当时担任法庭职务的戴维斯法官穿梭于第八司法区里各镇的法庭之间，以赚些钱来谋生。

其他律师都期待周末，因为那样就可以回到春田镇和家人团聚。可林肯不是这样，他怕回到自己家里。一年的大部分时间，他宁愿流浪在外也不愿意回到春田镇。

他年复一年地过着这样的生活。林肯宁愿住在镇上那让人难以忍受的小旅店里，也不想回家去听太太没完没了的抱怨。

这就是依琴尼皇后、托尔斯泰夫人、林肯夫人和丈夫吵闹的结局。她们得到的只是生命中的一场悲剧。她们亲手毁掉了她们所珍爱的一切，包括爱情。

海姆伯格在纽约的家事法庭工作了11年，曾接触过数以千件“遗弃”案。对这一方面，他的观点是：

男人之所以离开家，其中最主要的一个原因就是，他们的妻子不断地吵闹。《波士顿邮报》曾报道：

“很多妻子都在连续不断地、重复地在泥地挖掘，最终挖出了一座婚姻的坟墓。”

因此，如果你想有个幸福而快乐的家庭——

千万不要喋喋不休。

第四章 做丈夫的良师益友

妻子是影响丈夫事业成败的关键

查什特·费尔爵士的调查研究证明：实际上，真实与理想中的自己存在于每个男性的两个自我表现之中。

例如，如果一个男性很羞怯，他就希望自己变得更勇敢点；如果他不太受人们欢迎，那他就希望人们能喜欢他；如果自信不足，他就会渴望自己变得很自信。

作为一名妻子，你不能过分挑剔自己的丈夫；不要轻易拿他同别人攀比；你应该耐心地对他的工作表示赞赏，加以鼓励，让他充满自信，不要给他带来压力，尽量帮助丈夫实现他的理想。

玛乔利·霍姆斯说："几乎所有的丈夫在听到太太夸自己诸如'你真伟大''我为你骄傲''能拥有你是我最大的幸福'的话时，都会高兴得想要跳起来。"很多成功男士的经历也充分阐明了这个观点。比如，派克斯货运和装备公司总裁派克斯在写给我的信中这样说道：“我一直笃信，男人不仅可以变成他理想中的样子，也能变成妻子所期望的那样。这些年来，我雇用过许多工人，但我都是在和他们的妻子谈话以后，才能决定是否将职位交给他。很大程度上，妻子的生活态度以及是否鼓励自己的丈夫都影响着一个男人事业的成败。我自己就是这方面的典范。

“我太太的家庭很富有，嫁给我之前，她从来不会为物质生活上的事担心，想要什么东西几乎是唾手可得，她本人也受过良好的教育，过得很幸福。而我即没钱又没受过教育，更别提可以运用的资产。但她对我十分有信心，我也很想打出一片自己的天空，除此之外，我一无所有。

“结婚的前几年，我们生活得十分艰难，面对接连的失败和挫折，她从来不曾埋怨过我，反而不断地鼓励我。如今，我之所以能取得事业上的成功，完全要归功于她一直以来的激励和援助。

“这几年，虽然她的身体很差，但她还是非常乐观。每天早上，当我要出门时，她总会问：‘鲍勃，今天要我去做什么事吗？’晚上我回来时，她会听我讲述一天的经历。她始终不忘要帮助我，我希望自己能够永远让她像现在这样满意。”

但是，有一些太太的做法和派克斯太太截然相反。她们一直想过理想中的生活——比别人拥有更多的财富，拥有高档的汽车和时髦的衣服，参加各式各样的俱乐部，根本不顾及丈夫是否能承受得起，结果，她们的丈夫就永远不会让她们满意。

如果你想让丈夫不断进步，就别一味地要求他如何做，而是要鼓励他。那么，我们怎样才能让丈夫成为他理想中的样子呢?

对他已经施展出来的才华加以表扬和激励

当他缺乏信心时，帮他找出曾经成功的例子，比如对他说："你还记得那次你向老板建议为部门节约费用的事吗？这么大的勇气你居然都能付出！真是了不起啊！"就算多么缺乏自信的人，听了这样的话后，也会信心倍增。如果妻子能肯定他的能干，他甚至还会觉得，自己也许能够表现得更出色，最后，他就会按照自己想象中的样子去做了。

妻子一定要提醒丈夫，可是妻子永远不要对丈夫说"你不行，你真失败""你从来不会为自己争取什么，我怀疑，你是不是对着一只鹅时也不敢哼一声"。这样的话会起什么样的作用——特别是他的野心要比太太的讽刺大得多的情况下——可想而知这是玛格丽特·卡金·芭宁发表在《四海》杂志上的劝告女人们的话：

如果他真的不行，他的上司也会坦率地告诉他。但是，在家里，我们就理应鼓励他——只要努力，就一定会成功的，即便是在早餐时、在床上时也应该这样做。如果一个妻子对丈夫说"你怎么做都是失败的"，那丈夫也许真就失败了。

这并不是在耸人听闻。太太经过明智考虑后所说的话的确可以让丈夫更有自信，变得发奋图强。

汤姆·乔斯顿是个经历过第二次世界大战的年轻退伍兵。在战争中，他负了伤，不仅断了一条腿，身上还布满了疤痕。

幸运的是，这些伤都不妨碍他去做他最喜欢的游泳运动。出院后不久的一个周日，他们夫妇二人到汉景顿海滩去玩。乔斯顿先生在简单的冲浪运动之后就在沙滩上晒太阳，很快地，他发现大家投向他的奇异目光。他知道，人们是在看他那伤痕累累的腿，以前，他从未在意过这些。

乔斯顿太太提议下个星期天再去那里玩，但乔斯顿不愿意，他不想出门，只想在家里待着。妻子清楚他的想法，她说：“汤姆，我知道你为什么宁愿闷在家里，是腿上的伤疤让你敏感了。”

乔斯顿说：“‘我承认你的话没错。’接下来，她又说了一些话，这些话让我对她十分感激，一辈子都不能忘怀。她说：‘汤姆，你得记住，你赢得的这些伤疤是光荣的，它们是你勇气的勋章，不要为此而自惭形秽，你应该因此而感到自豪才对。现在，我们一块去游泳吧。’”汤姆·乔斯顿太太已经成功地树立起他的自信，最后他们愉快地游泳去了。

商会时常会举办有关推销术的课程，这种课程在全国各地都有。波士顿商会的营业经理俱乐部就曾举办过类似的课程。有五百名左右的销售人员和营业员参加了这次培训，培训时间是五个晚上。在课程的最后一晚，所有营销代表的妻子都受到了邀请，因为有一个专为妻子们安排的节目，指导她们怎样鼓励自己的丈夫，使他们变得更机智，取得更好的营销业绩。

其中，有一位讲演者是戴维·盖·鲍尔斯博士，他是《如何拥有新生活》一书的作者，也是一名营销顾问。他建议每一位妻子都做到让丈夫觉得自己已经成为理想中的形象，这样，他们每天就会自信满满地出门工作，可能，他们还会高兴地吹着口哨呢，他们的销售业绩一定会得到提高。

鲍尔斯博士说："即便他的打扮已经跟不上潮流，你也要称赞他风度翩翩；即使他喜爱的领带的颜色并不好看，你也要去称赞他；你要称赞他进退适宜，不要说他在前天晚宴上的失礼的举动。你要让他相信，他拥有征服所有顾客的能力。不要对此表示质疑，他的确能够做到这一点！"

我们为什么不相信呢？既然连鲍尔斯博士这样杰出的营销顾问都相信这种方法的行之有效，那么，我们也可以试一下呀！我们付出那么一丁点儿的努力会得到一个更自信、更快乐的丈夫。难道这样做不是很值得吗？

赞赏的话让世界上许多知名人士都走出了失败的沼泽，走向了成功的彼岸，如艾里·卡帕森这个杰出桥牌手。

我以前访问过卡帕森先生，卡帕森先生说，他刚到美国时，做什么事都很艰难，他甚至怀疑自己是个最无能的桥牌手。后来，他认识了一位迷人的桥牌教师约瑟芬·蒂伦，并和她缔结良缘，通过妻子的称赞与鼓励，卡帕森先生更加自信，这一切就完全改变了。她让丈夫相信自己很有实力，是个桥牌能手。可以说，他能在桥牌这条路上获得成功，完全归功于他的妻子。

确实，衷心的赞美和激励是最有效的办法，妻子们应该尝试一下，它能使男人们发挥出自己的潜力。没人能知道我们是不是尽了全力，可我们会得到理想中的丈夫。而在丈夫眼中，妻子也才是最有魅力的妻子。

丈夫需要妻子的崇拜

追忆到19世纪末，密西根底特律的电灯公司以月薪11美元雇用了一名青年技工。他每天工作10小时，回家后，还经常花费半个夜晚的时间在屋后一间旧棚子里工作，想要设计出一种新的引擎。

他的父亲是个农夫，确信他的儿子正在浪费自己的时间。邻居们都说，这位年轻技工简直就像个大笨牛。每个人都嘲笑他，没有人认为他笨拙的修补能够造出什么东西来。

除了他的妻子，没有人相信他。白天的工作做完以后，他的妻子就在小棚子里协助他研究。冬天，天黑得快，他妻子提着煤油灯，使他能够工作。他妻子的牙齿在寒冷中颤抖着，手冻成了紫色。但她相信自己丈夫的引擎终有一天会设计成功，所以她丈夫称她为“信徒”。

在旧砖棚里艰苦工作三年以后，这个异想天开的稀奇玩意儿终于造成了。1893年，在这个年轻人30岁生日的前几天，他的邻居们都被一连串奇怪的声音吓了一大跳。他们跑到窗口。看到那个大怪人——亨利·福特——和他的妻子，正乘坐着一辆没有马拉的车，在路上摇晃着前进。

那辆车子真的可以跑到转角那么远然后又跑回来呢！

新工业——将会对这个国家产生深远影响的工业在那天晚

上诞生了。如果亨利·福特是这个新工业之父，那么福特夫人这位“信徒”，理所当然地就有权利被叫作新工业之母了。

50年以后，福特先生，这位相信灵魂轮回再世的人，被问到他下一次出生时希望变成什么？“我不在乎，”福特先生说，“只要能够和我妻子在一起。”他终生都称他的妻子为“信徒”，而且希望永远同她在一起。

每一个男人都需要一个信徒，一个在环境艰苦的时候，仍然护卫着他的女人。当处境危急的时候、当他失败的时候，男人需要一个帮他建立信心的妻子，让他明白没有任何事情能够动摇她对他的信心。如果连他的妻子都不信任他，还有谁会相信他呢？

信任是一种主动的特质。它不会承认失败，它会继续恢复失去的信心。

罗勃·杜培雷的经验也是个不错的例子。

罗勃·杜培雷一直想要做个推销员。1947年机会终于来了，他开始招揽保险业务。可是，不管他怎样努力，情况都没有好转。他有点儿彷徨——对没有卖出的保险感到担忧。他紧张、痛苦，最后他觉得必须辞职以免精神崩溃。我面前有一封杜培雷先生的信，他告诉了我这个故事。

“我觉得我完全失败了，”罗勃·杜培雷写道，“但是陶乐丝，我的妻子坚持认为这只是个暂时的失利。‘下一回你将会成功，’她不断鼓励我，‘不要担心，罗勃。我知道你有办法成为一个成功的推销员。’”

罗勃·杜培雷在一家工厂里找到工作。但是她不让罗勃·杜培雷忽略衣着和谈吐。“在接下去一年半之中，”罗勃·杜培雷说，“陶乐丝不断地赞美我的美好气质，并指出我具有适于推销工作的潜能——一些甚至连我自己都不知道的才华。如果不是她持续不断地鼓励，我可能已经放弃再试一次的机会了。陶乐丝不想让我放弃。‘你具有这种能力，’她一次又一次地激励我，‘只要你努力就能够办到！’

“我怎能违背她这么深切的信任呢？她成功地把信心建立在我身上，我怎能让她失望。我离开工厂又回到推销工作上，这一次我相信自己了——因为我身旁有了个信徒。

“我依旧有一段长路要走。非常感谢陶乐丝，至少我已经上路了。她已经使我深切认识到，只要我真想达到我就能够成功。”

如果我要雇用推销员，我会认为能有个像陶乐丝·杜培雷这种妻子的男人，是最值得尝试的。这种信徒不会让她们的丈夫相信失败。在一次失败之后，她们会适当地鼓舞她们的丈夫，让他们变得自信起来，然后把他们送回激烈的竞争中去。

西盖·洛克曼尼诺夫，这位伟大的俄籍音乐家，在25岁的时候就是个成功的作曲者。由于过于不自信，他写了一首很不成功的交响曲。结果，他觉得十分沮丧，度过了无数失望的日子。最终他的朋友带他去看一位心理专家——尼可拉斯·达尔医师。达尔医师一次又一次地告诉他这个想法：“你的身上潜伏着伟大的东西，等待着你向全世界宣布。”

这个想法逐渐在洛克曼尼诺夫心里生根，终于唤起他对自己的信心。在第二年还没结束之前，他已经完成了那首伟大的C小调第二协奏曲，并把这首曲子题献给达尔医师。这首曲子首次公演的时候，听众们都喜爱得发狂，于是洛克曼尼诺夫再次与成功之路接轨。

是的，鼓励对于男人就像燃料对于引擎那么重要。鼓励使得男人的引擎继续发动。它就像电池一样给人们心理和精神充电，将失败变为成功。

运气有时候会削减我们每个人的锐气——严重的打击似乎还会使我们气馁。但是，如果我们喜欢的人告诉我们“别放在心上。像这样的事情是压不挎你的。我想你一定会赢！”那样结果就不同了。

《圣经》告诉我们：“信心是大家都希望得到的东西，是我们所看不到的东西的佐证。”

这就是有信心的妻子们，对于自己丈夫的一种信任。她们以一种特殊的视觉，看到了别人看不到的特质。她们用眼睛去看，也用内心的爱去体察。

如果信心没用言语表达出来，也就毫无用途了。妻子必须学会运用技巧表达出对丈夫的信心——

以鼓励、赞美与爱的语言和行动去表达。

做丈夫的忠实听众

1950年12月，一个叫作比尔·琼斯的人，在芝加哥从五楼楼顶上跳了下来。他跳楼的原因是忧虑和惶恐。他那曾经很成功的事业遭到了危机，因为他拓展太快——债权人正催逼他——他的很多支票无法在银行里兑现。最糟的是，他觉得妻子不能与自己一起承担这些灾难。妻子一直都以他的成功为荣，他没有勇气告诉她这些事，因为他害怕这些事会使她从幸福掉进羞耻和绝望的深渊中。

比尔·琼斯的困境使他走上了他自己仓库的屋顶，然后跳了下去。

他跌下五层楼，跌穿底楼窗上的遮阳篷而掉落在人行道上，从地心引力和常识来判断，他是死定了；但是，令人难以置信的是，他受到的最大伤害只是摔破了大拇指的指甲。最可笑的是，他所穿破的遮阳篷是他唯一一件完全付清款项的东西。比尔·琼斯意识清醒过来后，发觉自己还活着时感到很侥幸，同这个奇迹比起来，从前的麻烦在他看来没有一件是重要的了。五分钟以前，他还觉得自己的生命毫无意义——现在他因为还活着而感到激动。于是他赶忙回家把整个事件说给妻子听。他太太惊慌失措——就是因为他没有把遇到的麻烦告诉自己而已。她开始坐下来想办法为他解决困难。好几个月来，比尔·琼斯第一次放松心情做一些正确与有用的思考。

现在，比尔·琼斯在平稳的步骤下又有了成功的事业，债务也慢慢还清，更重要的是，他已经学会如何让妻子一起分担困难，就像一起分享成功那样。可是，比尔·琼斯却只是因为不知道妻子能和他一起同甘共苦，差一点丢了自己的生命。

比尔·琼斯的故事告诉我们，如果丈夫不信任自己的妻子，不能完全算是妻子的过错。有些男人，譬如以前的比尔·琼斯，对于用事业上的忧虑来麻烦自己的妻子有个错误的认识。他们想带给妻子所有美好的东西，想成为把成功的事业和上等的毛皮大衣一起带回家的男人。当事情不顺利的时候，他们想办法瞒住自己的妻子，以免她们的小脑袋里装满害怕与不安。他们耻于承认自己是会被征服的。他们从没有想到，不管好坏也应该让他们的太太一同来面对并解决这些难题。

可是，更常见的是一些男人们很想把他们的困扰说给妻子听，但是妻子们却不想或不知道如何去听。

1951年秋天，《福星》杂志刊出了一篇对公司员工的妻子所做的调查报告。他们引用一位心理学家的话说："一个男人的妻子能做的一件最重要的事情，就是让她的先生把他在办公室里无法发泄的苦恼都倒给她听。"

能够尽到这个职责的妻子，被描述为"安定剂""共鸣板""哭墙"和"加油站"。

这个调查研究指出，男人要的是主动、机智地听讲，他们通常不想听劝告。

任何一个以往在外面工作过的女人都可以了解到，如果家里有个人能谈谈这一天所发生的事情，不管是好的或坏的，都是十分值得慰藉的。在办公室里，时常没有机会对发生的事情发表意见。如果遇到的事情非常顺利，我们也不能在那儿引吭高歌；而如果遇到了困难，我们的同事也不想听这些麻烦事——他们已经有太多自己的烦恼了。结果，当回到家，我们觉得自己必须大声地宣泄一番。

经常发生的事情是这样的。比尔回家，有点上气不接下气地说道："老天，梅白尔，这真是个了不起的日子！我被叫进董事会里，去告诉他们有关我所做的那份区域报告。他们要我把建议说出来，而且……"

“真的吗？”梅白尔说着，一点儿也不上心的样子。“那真好，亲爱的，吃点酱肉吧。我有没有跟你讲过那个早上来修理火炉的人？他说有些地方需要更换了。你吃过饭后去看一下好不好？”

“当然好，蜜糖。噢，就我刚才说的，老索洛克蒙顿要我向董事会说明我的建议。开始我有一点儿紧张，但是我终于发觉我引起他们的注意了。甚至连毕林斯都很感动，他说……”

梅白尔说：“我常认为他们不够了解你、重视你。比尔，你必须和老幺谈一谈他的成绩单。这学期他的成绩太糟了，他的老师说假如他肯用功的话，一定可以念得更好。我已经没有办法劝他了。”

到了此时，比尔发现他在这场争夺发言权的战争之中已经失败了，于是他只好把他的得意和酱牛肉一起吞到肚子里，然后去完成有关火炉和老幺成绩单的任务。

难道梅白尔自私得只希望她的问题有人听就好了吗？不是的，她和比尔同样都有找个听众的基本需求，但是她没把时间搞对。其实，她只要全神贯注地听完比尔在董事会里所出的风头，比尔就会在自己的情绪发泄完之后，很高兴地听她大谈家事了。

善于倾听的女人，不仅能够给自己的丈夫最大的安慰和宽心，同时也拥有了无法估量的社会资产。一个文静的女人对别人的谈话入了迷，她回答或提出的问题显示她已经把谈话中的每个字都消化掉了，这种女孩在社会上轻易能成功，不只是在她先生的男友群里成功，而且也在她自己的女友群里成功。

闻名而机智的杜狄·摩尼，把一个懂礼貌的男人描述成

“当他自己最了解的事情被一个完全不懂的门外汉说得天花乱坠时，他依旧很有兴趣地听着”。很多的女人也适合于这个描述。

其实，一个善于倾听的人，有时候也会被一些无聊的事情搞得头疼。但是，通常耐心的倾听所得到的收获，是增加了许多人和事的知识。女演员蒙娜·罗伊在一篇写给纽约《前锋论坛报》的文章里提到，当她接任联合国教育、科学和文化组织代表的工作以后，“听讲和学习”就成为最好的口号了。她说，跟来自不同国家的很多代表谈话，增加了她对那些不同国家的问题的了解。

“当然，”罗伊小姐解释说，“很多时候，你必须在谈话中忍耐无聊的话题，但是我觉得，被人们当作一个具有谜一样机智的好听众，总比把自己完全封闭在一个毫无意义的话题之外要好得多。”

如何才能成为一个真正的“好听众”？至少要具备下列3个条件：

1. 使用眼睛、脸孔、整个身体——而不只是耳朵

专心是每一种才能的集中体现。如果我们真正热心地倾听别人说话，我们就会在他说话时注视他，我们会稍微向前倾着身子，脸部的表情也会有反应。

玛乔丽·威尔森说：“假如听众没有什么反应，很少人能够把话讲得好。因此当一句话打动你的心，你就应该动一下身体。当一个主意适时地感动你的时候，就像你心里的一根弦被拨动了一下，你就该稍微改变一下坐姿。”

如果我们想要成为好的听众，就必须做得似乎我们很感兴趣——我们必须训练身体灵敏地表达。

2. 学习问些诱导性的问题

什么是诱导性的问题？是指在发问中灵巧地暗示发问人内心已有一个特殊答案。直言不讳的问题有时会显得粗鲁无礼，但是诱导性的问题可以促进谈话，并且继续推动话题。

“你怎样处理劳工和主管的问题？”是一个直截了当的问法。“史密斯先生，你难道不觉得，让劳工和主管在某些范围获得相互的让步是很有可能的吗？”则是诱导性的发问。

诱导性的问话，是任何一个想要成为好听众的人所具备的技巧。如果要倾听丈夫的谈话，而且不直接提出他不想要的劝告，则诱导性的问话就是一个不会失败的技巧。我们可以像这样发问，“亲爱的，你觉得做更大的广告可能会拓宽你的销路，或者将是一种冒险吗？”提出问题并不是真的在给他劝告，但是这种问法常常会起到相同的效果。

当我们碰到陌生人时，正确的发问方法是克服胆怯，打破沉闷的最佳工具。一个想法可以衍生出另一个想法。当人们开始谈到自己的想法时，人们就会说得忘我了。

3. 永远，永远不可泄露秘密

有些男人从来不和妻子讨论事业问题的一个原因是，这些男人无法相信他们的妻子不会把这些事情透露给她的朋友或美发师。他们讲给妻子听的每一件事情，都从她们的耳朵进去而又从她们的嘴巴出来。“约翰希望，在维吾先生退休以后马上得到公司的经理职位。”这是在桥牌桌上随口说出的话，但是第二天就有人打电话给约翰对手的妻子了——于是约翰就在莫名其妙的情况下，被暗中排挤掉了。

我访问过的一个总经理告诉我，他在家里谈论公司里的问题，竟也会流传到使他的职员失去信心。“我很讨厌在超级市场或鸡尾酒会大谈公司的业务。那些女人真是太多嘴了！”他蔑视地说道。

甚至还有一些女人会利用丈夫的信任，在以后的争论中拿出来挤兑他。“你自己亲口告诉过我，你不能只因为一纸契约，就买下那些过量而不必要的剩余物品——而现在你说我浪费太多钱去买衣服。难道只有我奢侈吗？”

像如此的场面多发生几次，这位女士就不会再受到她丈夫向她大谈业务的困惑了。她丈夫会发现一个事实，看清楚自己只不过是给了妻子一些打倒自己的话柄而已。

成为一个好听众的最佳条件是：妻子不必认为了解丈夫工作的小细节，才能使他得到满足。倘若她的丈夫是个绘图员，他就不会希望他妻子了解如何画蓝图。

当他工作的时候，她对于发生在他身上的事情要有同情心、有兴趣，而且还要提高关注度。

我所认识的一个会计师娶了个女人，她对于会计的了解，就像我对于分子理论那样一无所知。但是我的朋友则说：“甚至是在我公司里所发生的最技巧性的问题，我都可以向她说个痛快。而她似乎都很直觉地领悟了。回到她的身边，知道她将会机智且有耐性地听我讲话，这是多么美妙的事。”

真的，一对敏感而接受过训练的耳朵，将会使女人更加可爱，使她有了一张比特洛伊城的海伦还要美丽的面孔——而且也会为她的丈夫带来更多帮助。

以下就是可以帮助你成为好听众的3个条件：

（1）用脸部表情和身体姿势表达注意力；

（2）学习问智慧的问题；

（3）永远不要泄露秘密。

第五章 备受欢迎的丈夫

当好丈夫的宣传员

前不久，我致电本地一位经销商，咨询关于电气冷却系统的问题。经销商的妻子接了我的电话，回答了一些我想知道的事情。接着她说："自然，卡耐基先生，对于冷却系统，我的丈夫才是真正的专家，如果您愿意的话，请让我安排一下，让他到府上看看，他就可以向你推荐一种你所需要的送风机机型。我只能推测一下，但是他却很了解。"

当这位男士到我家里来勘察的时候，我早就因为他妻子对他的信任而相信他了——他所需要做的只是跟着看看，交易就完成了。

这件事说明一个事实：没有一个宣传员会胜过聪明的妻子。

多洛西·狄克斯说："我们之所以会认为琼斯先生是个大人物，认为史密斯医师是个了不起的医师，这都是因为他们的妻子是这样告诉我们的。”

人都有一种倾向：依照别人给他们的性格去生活。如果对一个小孩子说他很笨拙，他就会比从前更加迟钝。赞美他的礼貌，他将会更加有礼貌。

专业人员的妻子，似乎特别精于替她们丈夫的能力树立良好的形象。“我很希望我们能够出席宴会，”她们会伤心地告诉你，“但是毕尔现在太忙了，他正要处理有名的琼斯公司的诉讼事件。”

她们也会有意无意地说出像这样的话：“下星期鲍伯必须在本区的医学讨论会上讲演；他太忙了，连我都很少见到他呢。”

这些女士随口说出的几句话，就向人们展现出一种心理景象，仿佛她们那些年轻有为的丈夫必须使用球棒击走一个个诉讼委托人（或病人）才有喘口气的机会。

谦虚的男人不喜欢自夸——但是，如果让他的妻子为他吹嘘一番，只要她保持良好的风度，那就无伤大雅了。

有一次在宴会上，我非常幸运地见到一位很喜欢的演员和他的妻子——甘勃·库柏夫妇。我在剧院、电影和电视上曾经多次看过甘勃·库柏先生。他的妻子看出我的兴趣，便告诉我一些关于他早期演艺生涯的事情，那是我从来没有听说过的、他在伦敦老维克剧院的事——他和很多著名明星排练演出莎士比亚戏剧的事。在一个我很敬佩的人身上，得到这些特别的故事，可真令我兴奋。回家的时候，我对他的艺术修养更加钦佩，真要感谢甘勃·库柏夫人。

芭蕾舞演员摩丝西琳·拉金嫁给罗曼·亚辛斯基。她是俄国始源芭蕾舞团的明星，而且还是像亚利西亚·马尔柯法和亚历山杜拉·丹尼罗法这种伟大艺人的跳舞搭档。

大概在一年以前，亚辛斯基先生和他妻子组织了一个他们自己的舞团，在全国巡回演出。当摩丝西琳还是个小芭蕾舞员的时候，我就认识她了，我问她这个计划进行得如何。

“很好呀！”她说，“你知道，亚斯加（她先生的小名）一直想要导演一个舞团，现在他的梦想终于实现了。他不只跳舞，而且还要肩负导演与舞团的经理，他现在做得可真好。”

由于许多杰出的演艺人员有管理能力，现在他的妻子说他拥有经营才能，这就在亚辛斯基先生的名气光环上又增加了不少色彩。

专业人员和商业经理人，都知道妻子的重要性。他们的妻子都会巧妙地向全世界宣称，她们嫁给了一个多么伟大的人物。在芝加哥商会的集会上，芝加哥律师协会会长柯西曼·毕塞尔告诉会员们，不可以轻看妻子们在帮助自己的成功上所具有的能力。

“好好地讨好你的妻子，”毕塞尔先生劝告这些前程似锦的、年轻的商业界和工业界领导人物，“你的妻子可能是你最好的宣传员，只要她做得不过火。她能够很适宜地夸奖你，但是你却不能学到她那种好的风度。”

她当然能够做到，而且，她除了能够使别人关注到她丈夫的长处外，还可以将丈夫的缺点减到最低的限度。

我们每个人都有自己的缺点。贝多芬是聋子，拜伦是跛子，拿破仑怕在大众面前讲演，甚至连勇猛无比的亚契尔斯也有他的弱点——他的脚跟。

关键在于，男人的错误有时候会阻挠了他的前程，但是女人的错误，只会影响到她在家庭和社交上的成功。

比如，每一位商业界人士都会对你说，记住别人的姓名和容貌是多么重要的能力——然而他们之中大部分人将会接着说，他们发现很难做到这一点。与其因为丈夫低劣的记忆力感到遗憾，倒不如训练自己去记住那些名字，当发觉丈夫正在迟疑不定时，赶快帮个忙。

像许多大忙人那样，我觉得记住别人的名字非常困难。所以我和妻子就一起设计出一个简易的办法。每当我们要去会见一大群人的时候，我就事先想办法查出其中一些人的姓名；然后又事先训练一下。我也竭力在谈话中重复提起我们遇到的人的名字，“戴尔，你记得鲁滨逊夫人吧。她刚才告诉我有关雷克·路易斯的事。你最近到过那儿吗，鲁滨逊太太？”

这虽然只是个简单的小技巧，却能把自己的丈夫从许多窘困和焦急中解救出来。当然，为了要帮助我，我妻子必须训练自己去听和记许多名字，但是，我妻子比我有时间去做这件事。有了训练和想要这样做的冲动，任何一位妻子都可以使她自己成为丈夫很得力的记忆帮手。

假如妻子乐意，她还能够补足丈夫某些训练上或是教育上的缺陷。很多自学成才的大人物，都是由于他那有学识与有教养的妻子的帮忙，才能获得成功。安德鲁·强生总统的妻子，在结婚以后才教总统读书和写字。

现代许多人已经被自己的专门学识束缚了，没有机会或空闲学习其他东西。如果妻子能够在一群人中谈及音乐、文学及相似话题的时候能够对答自如，他是多么幸运。

有些男人太虚心了，这对他自己不一定好。倘若你的丈夫就是那种习惯于看轻自己成就的人，那就会有风险，别人也真的会严肃而认真地认为，他的确不是一个有才干的人了。

虽然你的丈夫给他人的印象并不能完全地代表他内在的价值，但是，这个印象决定了别人对他的看法。所以，作为妻子，你何不帮助他给旁人一个好的印象呢？

你该怎么做呢？以下有些建议，能够帮助你：

（1）提醒他过去曾经做过的、成功的事情；

（2）利用机会尽量向他发问，鼓励他发表自己的意见；

（3）多和能够欣赏与激励他的朋友交往。

帮助丈夫结交朋友的三招

P.T.巴南自吹是“欺骗大王”——他以愚弄大众而闻名。有一次他大肆鼓吹自己有一匹头尾倒生的怪马，每人收费0.25美元，吸引了一大波观众。原来这头怪物只不过是一头普通的马，它的尾巴绑在食槽这头，倒退着走进马厩里。又有一回，巴南很成功地唆使一群头脑肤浅的家伙，去看“一只樱桃色的猫”。这只猫是黑色的，但是，依照巴南的解释，有些樱桃也是黑色的。

福洛连兹·齐格飞，以前是一位出色的艺人。他不使用怪物招揽，但能使女孩子变得漂亮。听说，他能够使任何一位身材美好、仪态万方的女士在使用他的装置和设备后，变得闪亮。在演出之夜，他总是送一盆花朵，给他剧场里的每一位表演女郎。他使女士们觉得自己很美——她们像美女一样受人瞩目，自然就会产生特别的光彩。

如果表演人员能够使用普通的猫和马吸引大家，或把一个普通的女孩子变成维纳斯。或许，机智的妻子们就可以使用演艺人员的方法，使丈夫受到大家普遍的喜爱。

妻子很少有机会在工作业务上帮助丈夫，但是她只要尽心，就能使丈夫在社交上受到尊重。

通过社交会遇到有价值的商业伙伴，因为大部分人最喜欢和朋友合作共事，而不喜欢与陌生人在一起。不管他是卖贝壳、鞋带或保险、开飞机或是经营小生意、为名人写专栏或是主持一家大公司，一个人只要受到别人的喜爱，就会得到事业上的诸多便利。

我们希望能够帮助丈夫结交朋友，而且受到大家普遍的欢迎。具体怎么做呢？以下有3个方法：

1. 使丈夫受人喜爱

几年前的一个夜晚，我和我妻子到后台去走访牛郎歌星吉尼·奥特利，那时候他在艾逊广场花园做主唱。在节目休息时，我们正要和吉尼以及吉尼美丽的妻子伊娜一起共进晚餐，可是，有一群要求亲笔签名的青年小伙子在出口处把我们挡回来了，他们要吉尼的签名。晚餐的时间很短，但是吉尼很乐意地和年轻人打招呼，并在他们的节目单上签名。

我向吉尼太太瞅了一眼，以为她可能会感到懊丧。她看到了我的眼神或听到了我的抱怨声，就笑着说："吉尼从不对任何人说'不'——特别是青年小伙子们。"

伊娜偶然脱口的一句话，比起一大堆新歌迷杂志以及出版商所发行的介绍更能表达出她丈夫的天性，这句话总结出她先生最主要的友善态度，他的热心肠和亲和力。

毫无疑问，吉尼·奥特利是受欢迎的。如果男人并不受人欢迎，他妻子的态度能够对他有所帮助吗？我想这是可行的。我认识一个女人，她的丈夫在社交上并不受欢迎，只是因为他的妻子风度好，大家才忍耐他。这个男人喜欢争辩，狂妄自大，缺乏耐心。不过，当她的太太把这个人不幸的童年生活说给我听之后，我对于他的厌恶感，就转变成同情心了。他是个孤儿，从这个亲戚家被转送到那个亲戚家抚养，没有人要，也没有人爱；他受到轻视和压制。

了解这个原因后，我就能明白他的行为了。虽然他的妻子没有办法使他受人喜爱，但是她至少已经替他的缺点创造出博取同情心的机会。

一个人如果想成功，就更需要这样一个妻子，使他看起来很受欢迎。"你看到他妻子注视他的眼神，就知道他的本性绝不会是这种坏蛋了。"这句话曾经把很多岌岌可危的公司主管从社交困境之中解救出来。

2. 使丈夫表现出他的才华

有些妻子觉得，夸耀丈夫的方法，就是夸耀自己。比如，倘若可行的话，她们就想穿貂皮大衣来炫耀。聪明的女人知道使用其他更好的方法。

有一次，有个年轻的女士告诉我，她想学会怎样讲有趣的小故事，用来加深她丈夫的朋友对他们的印象。我花了一段时间才说服这位女士，告诉她，假如让她丈夫来讲这些小故事，效果会更好。还有一些其他景象，比一般女人想要说些笑话更加可笑。例如，有个女人吸引了全场的注意力，而她的丈夫却坐在角落里孤单地把玩着自己的手指头。

让丈夫引起别人的兴趣和注意力，最简便的方法就是在自己家里举行宴会，安排丈夫表现他所拥有的特殊才华，如果这些才华能够使别人得到快乐。每天待办的业务工作，使人很难有机会向大众展示自己的才能——但是宴会却是最完美的时机。让我说些例子给你听。

加州格莲载尔城有位性格亲切、聪敏的人叫卡蒙隆·西普。他是个著名的舞台和银幕人物的传记作家。卡蒙隆天生喜欢和朋友交往。通常，他的妻子卡少琳总在他们的院子里宴请朋友。在这儿，卡蒙隆可以用木炭烤架烧他最拿手的牛排，并且在非正式场合下，说一些机智的笑话。

纽约的约瑟夫·福来斯医师，是一位出色的小儿科医师，同时也是一位有天分的业余魔术师。来到福来斯家里的宾客，时常会受招待观赏一场即兴的魔术表演，福来斯是表演明星，而他的妻子玛丽琳就充当助手——有时候他们两个小儿子也帮忙助阵。

这些有魅力的男人，很幸运地有这样的妻子，愿意让社交场合里人们的注意力完全集中在她们丈夫身上。她们隐藏自己，使丈夫崭露头角。她们情愿扮演次要角色，造就了家庭的和谐，这比起他们两人同时表现各自的优点，更加完美。

3. 改变话题，使丈夫表现出最大的优点

在业务上受人器重的人，到了社交场合就沉默寡言了，这种事情是常会发生的。他没有聊天的经验，也不知道应该从何说起。机智的妻子就是这种男人最好的朋友了。她能够很自然地引导自己的丈夫参与交谈，使丈夫毫不费力地接着说下去。“那使我想起了上个星期吉姆和一个顾客在一起谈的事，他告诉你什么呢？吉姆！”这是一招好棋，可以使吉姆很自然地说下去。

即便是世界上最羞涩的人，如果谈起他最感兴趣的事情，也不会害怕。

有位年轻女士告诉我，她如何改变她的丈夫从一名男性“墙花”变成一个喜欢参加宴会的人。“华尔特一向是个热心、受人喜爱的人。”她说道。但是，只有他亲近的朋友才知道，他很少主动去结识新朋友。他的自我意识，使他看起来冷漠而毫不快乐。我希望人们会喜欢和重视他。

提醒丈夫注意到这种情况，只会使他更加沮丧而已。所以这位女士想出了一个办法，要在他不知情的状况下帮助他。不管他们到哪里去，她就想方设法找个喜爱摄影的人。摄影是华尔特的嗜好，她把这个人介绍给华尔特，让他们成为按快门的好友。

谈论互相醉心的爱好，很容易地就能使华尔特忘记了他自己；他能够表现出他真正的个性。

慢慢地，当他谈起其他话题时，也会感到轻松多了。她时常把他将要碰到的新朋友做个重点介绍，使他有些谈话线索。史密斯夫妇刚刚从波兰搬到这儿，他做的是木材生意。

由于这位女士做了这些小努力，华尔特的整个社交状态都得到了改观。现在他很喜欢参加宴会，结识新朋友。家人们认为这是奇迹。当人们告诉这位女士“你知道，你丈夫实在了不起”的时候，她觉得自豪和快乐。

和华尔特相反，我认识一位招募保险的人。他很喜欢研究枪炮的历史。他的头脑里，充满了这方面诸多不寻常的、稀奇古怪的知识。不过，很少有人知道他这方面的学识，因为他的妻子从来不会让话题超出她自己所知道的区域范围。

如果妻子想要使丈夫受到大众欢迎，只要精通以下3个方法，她的丈夫就不知会有多幸福了：

（1）使丈夫受人喜爱；

（2）使丈夫表现他的才华；

（3）改变话题，使丈夫表现出最大的优点。

妻子在家庭氛围中应有的态度

当丈夫工作了一天回到家中时，他期望家里的环境是怎样的？怎样的家庭环境才能让丈夫恢复精神，次日早晨自信满满地去上班呢？这些问题比你想象的要重要多了，它也许影响着你丈夫的事业成败。

克利福特·R.亚当斯博士在《妇女家庭》杂志上成功地开

辟了一个“如何让婚姻幸福美满”的专栏。她说：“妻子在家庭中的表现对丈夫和孩子的意义重大。虽然丈夫和孩子也有他们的责任，可是，只有你所创造出来的家庭氛围和表现出来的态度才是最关键的。”

丈夫们只有在家庭具备了以下一些基本要素之后，才能高效地工作。

1. 给丈夫一个整洁而有序的家

哪怕男人炽烈地热爱着自己的工作，从某种意义上来讲，他也会有一定程度的紧张。如果家庭能消除或者缓解他的紧张情绪，那么，无论他的内心情感还是身体机能，都会得到适当的放松，那么他就会在第二天信心十足地投入工作中去。

每位女性都希望自己能成为一个优秀的家庭主妇，但是如果做得过分，丈夫们反而得不到应有的歇息。在我小时候，有这样一位邻居。她怕弄脏家里的地板，所以不允许孩子们带朋友回家；不管是谁，必须把看过的书或报纸放回原处；为了怕窗帘染上烟味，不允许丈夫在家里抽烟。这种情况很普遍，或许这是一种精神病的症状。戏剧《克莱格的妻子》中的女主角哈里莱特·克莱格也有这样的毛病。其实，很多女性都存在同样的问题。哈里莱特·克莱格要求家里保持绝对干净，她甚至不准坐垫放错。朋友们来访会搞乱家里的东西，所以她不喜欢有人来拜访。而她那豪爽的丈夫被她看成是破坏狂，因为他把自己精心创造出来的完美给弄得一团糟。人们十分喜爱乔治·凯里所写的这部戏剧，最后，这部戏剧获得了当年的“普立策奖”。在美国基督教家庭生活二十届年会上，美国基督教大学精神科教授罗伯特·P.奥汀桦特博士做了一次演讲，他认为，妻子们对于家里要绝对干净的愿望是“美国文化中最大的压迫”。

我们看见丈夫把自己辛苦收拾得一尘不染的客厅弄得杂乱无章，地板上丢满了报纸、烟头、眼镜盒，还有其他七零八落的东西，我们常常冲动地想拿一把钝器狠狠地揍他。但是，在大骂他麻木不仁之前，我们要记住，只有在家里，丈夫才能恢复自己的本性，放松心情。

2. 给丈夫一个轻松的家

在布置家庭时，妻子们一定要记住，丈夫最需要的就是舒适。在身心疲惫时，丈夫们特别厌倦女人眼里那些迷人的东西——精致的桌椅，柔软的毛织物，过多的装饰品等，他尤其希望自己能有个搁脚、放烟灰缸、报纸和烟斗的地方。倘若你清楚单身男性是怎样生活的，你就知道他们喜欢怎样归置房间了。

路易斯·C.派克是我们的家庭医生，近期，他又重新装修了自己的办公室，换上了覆盖着皮革的纯木桌子，添置了宽敞舒适的沙发、巨大的铜制灯，以及笔直下垂的窗帘。这个办公室就如同他的家一样。有一天，在那里，我看见一些候诊的男病人十分羡慕地观察着他的陈设。

瓦特·琳可是单身人士，也很善于此道。他在纽约市买下了一间超现代的公寓。由于工作上的需要——他是新泽西州石油公司的地理学家——他经常出差去世界上最偏远的角落。于是，他用工作之余买回的各地的特色纪念品把自己的家装饰起来，爪哇的手工织染布、刚果的木雕、东方的象牙工艺品都用来点缀这座房子。现在，他的公寓十分漂亮，因为它既宽敞明亮且又舒适，同时还极具个性魅力。极少有女性能像他们一样做到这样布置房子，难怪这些有能力结婚的单身汉们总是不愿成家，而情愿单身一个人。

在布置房间之时，我们很少顾及丈夫对于舒适的需求。我曾经在巴黎买过一些精美小巧的、仿古的瓷器烟灰缸，把它们摆在家里，可很少有客人会用这些精巧的小东西。家里还有我丈夫在廉价商店买的几个大型玻璃烟灰缸。每次客人来，他们都喜欢用那些廉价商店的东西，确实是物尽其用了，而我买的东西却闲置一旁，无用武之地。

假如你丈夫总是把你辛苦布置好的家弄得一团糟，可能是你布置的方式有点问题。他随手乱丢报纸？也许是茶几不够大，也许是茶几上摆满了装饰品，搞得他没地方放报纸。如果他把烟灰“到处乱弹”，让你忍无可忍，那么给他多买几个大烟灰缸吧。如果他经常把脚放在你精致的脚凳上，那么给他买个牢固的、塑料的脚垫，把你的心爱的脚凳摆在客厅吧。

给他预备一个固定的能放烟斗、照相机、收藏品和报纸的地方，别让他只能把这些东西和别的乌七八糟的东西堆在一起，甩在阁楼的角落里。

倘若丈夫觉得家里十分舒适，他就不会想到其他地方去。

3. 让丈夫感到家里十分舒适

如果一个家庭几乎从来不按时开饭；到了晚上，水池里还有早上的盘子没有洗；浴室里到处都是脏东西；卧室也乱成一团，男人们面对这种脏乱的家会夺门而逃，跑去球场、酒吧甚至妓院。对大部分男性来说，他们宁肯在干净、整齐的茅草屋里住，也不愿在脏乱的华丽屋子里住。他可以忍受自己造成的凌乱，却不能容忍别人的不整洁。

一位丈夫告诉妻子，有次，他到一个美丽姑娘的公寓去找她，结果却再也不想向她求婚了，因为他看见她的房间乱得就像刚刚被洗劫过一样。

以上所说的是长期不整洁的状况。当我们偶尔有急事要处理而不能整理屋子时，任何一个有修养的丈夫都能原谅我们的难处。只要我们不常常如此，他也会帮我们，也会愉快地在清扫屋子的时候吃剩菜。

4. 让笑声和爱意充满家中的每个角落

《福星》杂志曾为一些公司的员工做过有关他们生活的调查，当时，一位总经理对他们说："我们能给员工营造良好的工作环境，但我们不能让他们把这种环境带回家，因为家里的气氛是由妻子营造的。"妻子营造的家庭氛围与丈夫在事业上的表现是紧密相连的。

一般情况下，妻子们都期望自己丈夫的身体和精神能从工作中分离出来一点，但同时又希望他们努力工作，表现出最好的一面。假如妻子能创造出快乐、和谐的家庭氛围，那么就能同时实现这两种愿望。

保罗·珀派罗博士是洛杉矶家庭关系协会的会长。他说：

在现代社会生活中，不管在何种情况下，人们都面临着竞争，工作根本不像野餐那样让人觉得轻松而愉悦。从下班的那一刻开始，他就开始渴望拥有安宁、舒适、受人关心的生活。家庭是男性的栖身地，应当让他暂时脱离工作上的困扰，充分享受家庭所带来的快乐。

公司里的人只会想方设法地找出他的错误。可是，家里却有一位天使能发现他的美好所在。妻子不会用自己的事情使丈夫觉得困扰，也不会给他带来任何烦恼。她能抚慰他的精神，恢复他的能力，让他心情愉快，使他在第二天早晨神采奕奕地去上班。如果妻子能够在家里营造出这种气氛，那么可以说她们完全尽到了妻子的义务！

5. 让丈夫与你一起布置你们的家

妻子应当尽力让丈夫觉得，他才是这个家的国王，而不是娇贵的女性王国里那个蠢笨的破坏者。妻子应该和丈夫一起商量如何布置家里，或者添一件什么样的家具，而不只是让丈夫充当付款机。如果丈夫想露两手，做俩菜，妻子可以让他在星期天的晚上尽情发挥，纵然他把一堆锅碗瓢盆留给你清洗；如果你的丈夫想买个摇椅，那么你就该放弃自己想买古典沙发的愿望。可能你会觉得有点不甘心，但最终你会发现，他开始一天比一天地喜欢这个家了。事实上丈夫是和你一样关心家庭的，因为他需要一种“家庭少了他就不完整”的感觉；而且，如果他能在更多事情上有权做决定，他会认为家庭对他十分重要。

一位女人很是善于用很少的钱布置出最好的屋子，她把房间调成温柔甜美的色调，用一碰就碎的工艺品布置房间，屋子里散发着精巧别致、迷人、近乎完美的气息。可她的丈夫却颇具男子气概，高大威猛，整天抽着烟，他会觉得自己在这个完全女性化的环境十分拘谨。每当有朋友和同事到访时。他就招待朋友们去森林里的小屋，或者去海边钓鱼，尽管他很爱自己的妻子。女人不断地埋怨丈夫的这种行为，但她不肯为了丈夫改变一下自己。

我们应该记住，我们是为了我们深爱的丈夫才做家务的，我们是想给他营造一个充满爱心、舒适、安宁的小窝，而不是为了让家里保持绝对洁净。为了让丈夫开心快乐，我们需要记住以下的规则：

（1）给丈夫一个整洁而有序的家；

（2）给丈夫一个轻松的家；

（3）让丈夫感到家里十分舒适；

（4）让笑声和爱意充满家中的每个角落；

（5）让丈夫与你一起布置你们的家。

第六章 你应该防止这些陷阱

契机的召唤

1880年，我的爷爷查理士·劳勃特森在堪萨斯州的农庄长大。他想要移居到印第安·泰里特利，看看自己能够在这个边界殖民区里混出什么样儿。于是他和他的妻子哈丽特收拾好他们的行囊，并将其放进一辆敞篷马车，带着孩子们往前途未卜之地出发。他们在锡马龙的河岸定居。这个地方，就是现在的俄克拉荷马州东北。我的祖父修筑了一座木屋，用篱笆围出一片自己的土地。不久，他借了一些钱在这个小乡村开了一家小店，那就是现在俄克拉荷马州的杜尔沙市。

我的奶奶哈丽特日子过得很艰难，她身体不大好，行动很不方便，而且还要照料几个小孩。她用旧报纸来贴补那间最早盖起来的木屋。那里没有医生。只有一家一间教室的教会学校供小孩子读书。艰苦的生活、债务、寒冷的冬天和炎热的夏天，这就是他们全部的写照——但是以边疆的生活水准来说，查理士·劳勃特森成功了。哈丽特活着的时候看到她的丈夫变成一个成功的、受人敬重的人，她的儿女们也都幸福地成家了，而印第安·泰里特利也变成联邦政府的一个州。

联邦政府这些州的发展，不仅得益于有像查理士·劳勃特森这种拥有长远眼光的男人——他们开拓了新的天地并且扩展疆界——而且也有这些勇敢的妻子的功劳，就像哈丽特，她们勇敢地去尝试新机遇。这些女人信仰上帝，信仰她们的丈夫，而且信仰她们自己。她们勇敢地面对危险、困苦、疾病和死亡。当她们朝西部进发的时候，有没有怀念过她们离开的舒适的家？有没有后悔过离开了朋友、双亲、财富以及从不匮乏的生活？答案无疑是肯定的。

但就是这样，拓荒的女士们跟随着自己的丈夫来到这些荒凉地域，谱写了美国历史上光辉的一页。他们留给自己的儿女一笔巨大的遗产，包括一片土地、城市，以及一种不屈不挠的精神和无法撼动信心的光荣传统。

盼望丈夫成功的妻子，必须发扬我们的拓荒前辈的刻苦精神。妻子必须心甘情愿地让自己的丈夫去做他最喜爱的任何事情，纵然他的做法是很冒险的；不管遇怎样的磨难，她必须有深信丈夫的勇气，而且毫无畏惧地支持他。能够不顾安全努力地去拥有进取心和创造心的人，不会为了其他的原因而退缩。

例如，我认识的一个男人，在他所不喜欢的职位上工作了一辈子，只因为他的妻子宁愿牺牲一切代价，来守住安定的生活。

起初他是个记账员，后来他赚了足够多的钱，可以开自己的汽车修理厂了。这时候他结了婚，而他的妻子认为在他们还没有买下房子以前，他最好不要辞去工作。等到他们有了房子之后，他们正要生下第一个孩子，这位妻子使他觉得，开创自己的事业将是一件多么艰难的傻事——于是日子就这样过去了。他的薪水已经足够应付家庭开支，还有保险金可以供应孩子的教育费用。有必要开创自己的事业吗？太可笑了！如果失败了怎么办？他可能会失去在公司里的年资，公司的退休金，疾病津贴，以及一份中等而固定的薪水。由于他的妻子不乐意给他尝试的机会，于是这位男士失去了创业的机会。

如今，他是个对生活感到厌倦的、碌碌无为的中年人，他把空闲的时间用来修补自己的汽车。他有张失意的面孔，患有胃溃疡，此外再也没有什么东西可回想了。岁月就这样过去了。

他生命中大部分的时间都用来抑制他对于工作的不满，他对自己的工作没有真正的兴趣，没有热心，没有完成的野心——这都是因为他的妻子不愿意给他尝试的机会。

如果他舍弃了不喜欢的工作，努力尝试去做自己选择的工作而失败了，事情又会怎样？至少他将会因为已经做过自己想要尝试的工作而感到满足；而且如果他尝尽了失败的经验，他就真的会成功了。

可是，令人感到兴奋的是，这种类型的妻子似乎只是少数。在雪佛酿酒公司最近的一项调查里，有六千名不同年龄段的家庭主妇接受了采访。其中有一个问题，假如丈夫想要从一个他不喜欢的安定工作，转到另外一个较不安定而且薪水较低，却能够使丈夫感到高兴的工作，妻子们是否会赞同。接受访问的妻子们有25%会说，她们不愿意让自己的丈夫改行。

我以前为一个叫作查尔斯·雷诺兹的人做过事，他是俄克拉荷马州杜尔沙市一家大石油公司的财务助理。他是个活泼、能干、讨人喜欢的年轻人，看来一定可以一帆风顺地往上爬。他有妻子、三个小孩以及美好的前景。

闲暇的时候，查尔斯·雷诺兹喜爱绘画。他的很多风景油画，都悬挂在公司办公室的墙上。有时候他也把画卖给公司外面的人。

虽然雷诺兹先生喜爱自己的工作，但是他更期望有更多的时间来绘画。他一向很喜爱新墨西哥州的陶欧斯城，那儿是艺术家的乐园，他想要放弃现在的工作，永久移居到那边去。当他和他的妻子露丝谈到这一件事的时候，她说："太好了！我们可以卖掉这里的每一件东西。到陶欧斯城去开一家绘画用品店。我们也可以卖画框，我照顾店面，你就可以画画了。我坚信我们一定会成功的。"

由于妻子热心的鼓励，查尔斯·雷诺兹就下定决心辞掉工作，专心创作了。他们全家人都有了开创新事业的精神，年轻的小查尔斯放学以后也会帮忙店务。雷诺兹把画画得特别好，终于成为西南部最知名的画家之一。他的作品曾经在整个美国都展览过，他也曾经在很多画廊举办过个人画展。如今，他是陶欧斯城画家协会的会长；在新墨西哥州陶欧斯城闻名的济特·卡森街上，他还修筑了自己的画室和画廊。这都是因为他和他的妻子有勇气去尝试。

这种冒险的成功并不值得惊叹——胜算的概率是很高的。如同范狄格里夫特将军经常在战前对他的军队所说的："上帝偏爱那些勇敢和坚强的人。"

最适合于某个人的工作，或能够令他感到愉快的工作，并不一定会使他富有或过上好日子。然而除非一个人的工作能够带给他内心的充足，否则就不算是真正的成功。妻子需要有精神上的耐力，才能够让她的丈夫自由地做他所喜爱的工作，而放弃他所不满意的、薪水较好的职位。

许多伟大的成就，或许是因为大公无私的妻子愿意尝试一个机会——她们愿意放弃物质享受——因此她们的丈夫才能够从事适合于他们个性的工作。

救世军不只是它杰出的创始者威廉·布斯的活纪念碑，而且也是威廉最具爱心的妻子凯瑟琳·布斯的活纪念碑，因为她曾奉献这么多的精力来推广这项运动。

威廉·布斯把传道当作自己的天职，他在伦敦的贫民窟对穷人和流浪汉讲道。他、他的妻子和孩子们都忍受着寒冷、饥饿和嘲笑。他竭力地帮助穷人，以至于自己的身体健康出现了问题。他的妻子很瘦弱，而且患有脊柱弯曲症，必须使用脊柱支撑。她还面临着肺痨的威胁，晚年又受癌症的折磨。她临死前说："我从来就不清楚有哪一天不是生活于痛苦之中的。"

然而这位孱弱、瘦小而多病的妇人，不只要做饭、洗衣和照顾他们的八个子女，还要帮助她的丈夫，为那些比他们自己更加贫穷的人奉献出他们的一份力量。她也去传教讲道。到了晚上，在白天的劳累之后，她还要到贫民窟去帮助那些饥饿、生病或是经受困难的人。她为那些怀有私生子而未出嫁的姑娘准备饭菜、找寻安身的处所。她和那些小偷、流浪汉与妓女谈话。

你一定会想（难道你不这样想吗），凯瑟琳·布斯只要有适当的机会，必定会想离开这个悲惨的地方的。这种机会曾出现过。有一次牧师会议被布斯的真诚感动，就在一个比较富裕的地区，留给他一个舒服的讲道工作——这样他就可以放下自己在贫民窟的工作了。

可是，他们忽视了威廉的妻子。凯瑟琳·布斯马上站起来叫道："不要！不要！"

多亏她有不怕艰难及坚定的信念，现在才有救世军在各处工作。我真期望凯瑟琳能够活得更久一些，亲眼看到她对于丈夫所做的贡献所得到的结果。我真希望她现在已经明白，在威廉·布斯的葬礼之中，当他的灵柩经过的时候，伦敦街头站有六万五千多人向他表达敬意。

伦敦市长也在他葬礼的行列中送行。欧洲的宫廷和美国总统也都送来花圈。在他的灵柩后面，有五千名年轻的救世军跟随着，并唱着赞美诗歌颂他们伟大的领袖。我宁肯相信凯瑟琳已经都知道了——这位瘦弱的女人完全不顾自己的安全，加入她丈夫伟大的献身行列。

是的，成功的真正意义，是找寻你所热衷的工作并为之努力——在奋斗的途中必须不顾自身的安全与幸福，有时候只有这样做，才是获得我们真正想要的东西的唯一途径。

"上帝啊，请赐给我一个年轻人，他必须有足够的胆识去做别人心目中的傻事。"罗勃特·路易斯·史蒂文生说。

莎士比亚则如此说："疑虑是我们心中的叛逆者，害怕追求，将会使我们失去我们通常能够赢得的东西。"

上帝的确偏爱勇敢和坚强的心灵。如果我们希望我们的丈夫在他们觉得最有成就的工作之中成功，我们就该鼓励他们去尝试每一个机会——而且要有足够的勇气共同克服危机。

杜绝过分干涉丈夫的工作

在一次晚宴上，我坐在全美最早设立的某家公司工业关系部经理的旁边。我请教他，妻子们要怎么做才能帮助她们的丈夫成功。

“我相信，”这位经理说，“有两件最重要的事情，能使妻子帮助丈夫事业成功。第一件是，爱他；第二件是，让他独自去闯。一个可爱的妻子，会让她的丈夫感到家庭幸福、生活愉快。而如果她聪明得能够让自己的丈夫不受干扰地处理业务，她的丈夫就一定能不遗余力而获得成功，至少也会使他有成就。”

他继续解释说，这个不干扰的政策，可以直接运用于妻子和丈夫的工作的关系，以及妻子和丈夫业务伙伴的关系。

“妻子经常会严重地干扰丈夫的工作，”他告诉我，“有些妻子喜欢劝告、干预和影响自己的丈夫，反对和他一起工作的人，或埋怨丈夫的薪水、工作时间和责任。把自己当作丈夫经营事业的非正式顾问，这种妻子常常扼杀了丈夫的成功，很少有其他的事情会具有这样的严重性。”

不少妻子都会做一些美梦，想要机灵地帮助自己的梦中王子爬上经理的宝座。她们制定一些策略；她们提出了许多暗示和建议；她们试探、尝试，并且和丈夫的同事培养友谊。通常，她们的计策使得自己的丈夫丢掉工作，而不是升上一级。

有一 次，我们公司里聘请了一位经理。他很聪敏，看来很适合这个职位，令人困惑的是，他接任新工作以后，他的妻子一直干涉他。每天早上，她都和她丈夫一起到办公室，记下她丈夫的话，到外头交给打字小姐，而且又要变更她丈夫的整个工作系统。这并非我杜撰的——这是真正发生过的事。

办公室的工作氛围被破坏了。有位女孩子离职，其余的人也都在观望着时机的变化。在这位新经理到任的三个礼拜以后，他被叫到人事部去，他们礼貌而肯定地告诉他，不能再用他了。他走了——带着他的妻子一起走了。

太过分了吗？或许是的。但是有许多人因为更小的原因就被辞退了。妻子的干预，即使有最好的动机，也都是一件危险的事——这比大多数人所了解的事实都更为严重。

近期有一个朋友告诉我，他公司里一位最受重用的经理在服务多年以后被迫辞职了，因为他的妻子坚持要干预他的业务。她做了许多周密计划，用来对抗公司里的其他几位经理。因为她认为他们是她丈夫的对手。她在这些经理的妻子之间挑拨一些麻烦事件。她开始有步骤地散布谣言，攻击他们。她的丈夫没有办法掌控她暗中的活动，只好做了他所能做的唯一一件事：他辞掉了让他引以为荣的工作。

如果你是相信幕后操纵力的女孩子，我将告诉你操纵丈夫更简单的方法。下面列出了10种方法，你可以按照指示拖你丈夫的后腿，把他从阶梯上拉下来，使他爬不上去。如果依照以下的指示去做，你不仅会让你的丈夫失业，而且也会使他变得精神崩溃。

1. 对他的女秘书出口不逊

尤其对那些年轻且漂亮的秘书，随时利用机会提醒她，她只是仆人而已。虽然她并不把你的丈夫当成是值得追求的、镀金的天才，但是你也不能因此而放过她。失去一个好的女秘书，对一个有事业心的男人来说固然是个很大的损失，但是如果她辞职了，也不必担心，你的丈夫还可以用一架记录机器。

2. 每天多打几次电话给你的丈夫

告诉他，你做家事所遇到的困难，问他中午和谁一起吃饭，不要忘了给他开购物单，要他在回家的路上买回来。发薪水那天，不要忘了到办公室去找丈夫。他的同事将会发现，谁在家里才是一家之主。而且他对于自己工作的注意力，就会像圣维达斯之舞里那只蚱蜢那样低了。

3. 和其他妻子制造一些冲突

这种情况是不会停止的，因为那些妻子们没有一个是好人。你可以散播一些有趣的闲言碎语，说说老板曾经怎样谈过她的丈夫，以及你的丈夫对她的丈夫看法。再过不久，整个办公室就会分裂成许多派系——而你的目的马上就会达成了。

4. 告诉他，他的工作太多，薪水太少，而且办公室里没有人看重他

用不了多久，他就会开始相信你的话，而他的工作将会变成你说的那样。然后他会去找适合他的工作。

5. 不断地告诉他，他应该如何改进工作，如何增加销售以及如何逢迎自己的上司

摆出坐在摇椅上的总经理态度。毕竟，他只是在办公室里办公而已，你才是真正的战略家和策划人。

6. 举行豪华的舞会，花费大笔钱，过着超出收入的生活，好像你的先生已经成功了那样

你将骗不了任何人，但是你可以享受到许多乐趣，只要你继续这样做。

7. 长期侦查你丈夫和他的女主顾、办公室助理以及同事妻子们之间的关系

女士们因为工作必须留下来，而男士们为了避免和她们过多的来往，只能在男士的房间里工作，这种事在你看起来是毫无意义的。

8. 每当你有机会向丈夫的老板眉来眼去的时候，你就尽量使出女性的魅力

如果在你的努力以后老板还没有开除你丈夫的意思，但老板的妻子也会特地为你的先生找个新上司，让你再试试你的策略。

9. 在公司举办的宴会上，你不妨多喝一些酒，表现出你是个多么风趣的人

说一些你丈夫在度假时如何玩闹，以及他穿着好像要跳波尔卡舞的睡裤上床的事。这些有趣的小事，将会带给宴会上的人群许多笑料。你将会变成宴会里最出风头的人物——拿你的丈夫来恶作剧，你将有说不完的资料来发表你丈夫的趣事。

10. 每当你的丈夫必须加班，或者是出差办公的时候，你就哭着向他抱怨和唠叨

让丈夫知道你才是最重要的。你最值得照料而且应该受到照料，其他任何代价都可以牺牲。

如果你想要使用一流的手腕毁掉你丈夫升级的机会，那么，你就依着上述的10条规则去做吧。结果是——

他将失去他的工作，而你将失去你的丈夫。

男人为什么会出走

“一个男人的婚姻生活会不会美满，”陶乐丝·狄克斯写道：“他太太的脾气和性情，比任何事情都更加重大。她可能拥有全天下的每一种美德，但是如果她脾气暴躁、唠叨、挑剔和孤僻，那么她其他所有美德便都等于零了。”

“不少男人失去干劲，而且丢弃了拼搏的机会，”她接着写道，“因为他的妻子一直对他的每一个希望和心愿放冷箭，她永无休止地挑刺，不断地想要了解，为什么她的丈夫不能像她认识的某个男人那样有钱，或者她的丈夫为什么写不出一本热销书，得不到某一个好职位。像这样的妻子，真是太让丈夫沮丧了。”

真的，啰唆、挑刺带给家庭的灾难，比挥霍、无度更大，而不做家务和行为不端，也会增添家庭的不幸。关于这一点，你倒不必马上信服我的话。先听听专家的证词吧。

莱伟士·M.特曼博士是一位知名的心理学家。他对一千五百多对夫妇做过详尽的分析。结果表明，丈夫们都把啰唆、挑刺列为妻子差劲的缺点。盖洛普民意测验也得到了一样的结果：男人们都把啰唆、挑刺列为女性缺点的第一位。“詹森性情分析”，是另外一个著名的科学研究团队，他们也发现没有其他的个性会像啰唆、挑剔那样，给家庭生活带来如此大的伤害。

然而，似乎自从远古时代开始，妻子们就想尽办法要以唠叨、挑剔的方式来妨碍自己的丈夫。相传，苏格拉底曾经花费自己大部分的时间躲在雅典的树下思考哲理，借以逃避他那脾气焦躁的妻子兰西勃。像法国皇帝拿破仑三世和美国总统亚伯拉罕·林肯这样卓越的大人物也都受尽了唠叨妻子的苦。奥古斯特斯·恺撒和他的第二任妻子离婚，因为他实在“不能忍受她那暴躁的个性”。

女人们仍然想以唠叨的方式来改变丈夫。从古至今，这种方法从没有发生过效应。

一个老朋友告诉过我们，他妻子一直蔑视和嘲弄他所做过的每一件工作，他的事业几乎要被他的妻子毁掉了。刚开始的时候，他是个推销员，他喜欢自己的产品，并且很热心地推销着。当他晚上回到家的时候，本来很希望得到一些慰藉，可是他的妻子却以这些话来迎候他：“好呀。我们的大天才，生意不错吧？你带回来不少佣金了吧？或是只带回来推销部经理的一番训话呢？我想你一定知道，下个星期就要付房租了吧？”

这种情形持续了好几年。虽然不时受着嘲笑，但他还是努力地拼搏着。现在他已经在一家全国著名的公司担任执行副总裁的职务了。至于他的妻子呢？噢，他和她离婚了，而且又娶了一位年轻的、能够给他爱心和支持的女孩，这是他的第一位妻子所不能给他的。其实，第一任妻子并不明白自己为什么会失去丈夫。“我省吃俭用，吃苦这么多年，”她告诉她的朋友，“结果当他不再需要我替他当牛做马以后，他就离开我，去找年轻的女人了。男人竟是这样子啊！”

倘若有人告诉这位女士，使得她丈夫离开她的并不是另外一个女人，而是她自己的啰唆、挑剔，想必这位女士也是不会相信的。但是这确实是她丈夫离开她的真正原因。

她是以一种蔑视的方式来唠叨和挑剔——这对于男人的自信心是一种长期的攻击和折磨，挫败了他自认为有能力赚钱养家的男性自尊。

近来，另外一位老朋友的儿子也尝到了相似的味道。他是个二十多岁的年轻人，在广告事业方面得到一份竞争非常激烈的工作。他需要慰藉，来保持拼搏的勇气。他的妻子非常积极且充满野心，但是却很不耐烦地认为自己的丈夫动作太慢，在妻子不停的嘲笑与指责下，他的勇气消失了。他告诉我，令他最难忍的事情是，他的妻子已经逐渐地把他对自己的信心腐蚀掉了——就像不停滴落的水珠，将会侵蚀掉一块石头那样。他开始对自己的工作没有自信；最后，他失去了他的工作。妻子不久就和他离婚了。

自从离婚以后，他又渐渐地重新恢复自信，就像一个生过病的人自己摸索着重新恢复健康那样。

最具破坏力的一种唠叨、挑剔方式，是拿一个人去和别人相比。“为什么你赚不到更多的钱呢？比尔·史密斯已经被升级两次了，你才一次而已。”“我哥哥买得起毛皮大衣给他的妻子——那自然了，他知道怎么赚钱呀。”“如果我嫁给赫伯特，我一定可以过得更阔绰一点。”这些都是最高明的杀人不见血的方法。

诉苦、抱怨、挑剔、攀比、轻视、嘲笑、喋喋不休——喜欢唠叨的女人，在这些残酷的心理行为之中，如果不是专精于其中一种，就是会变成兼而有之的全能了。唠叨就像麻醉药；你学不来也改不掉，它是习惯养成的。

女孩子在20岁当新娘的时候，如果只晓得常常唠叨，不知在什么时候，才能住进像马丁家那么好的新房子，那么等她到了40岁的时候，一定会变成一个朽木难雕的、对任何事情都不能满足的、毫不可爱的抱怨专家。

夫妇婚后的共同生活，很少有不吵架的。心理健全的人，可以承受一般的争执而不会产生情感的裂痕。但是从未停止的、毫不放松的长期啰唆所产生的折磨，常常会拖垮最具进取心的精神。不管一个男人曾经做出什么大事业，如果他每天晚上回家后碰到的是那个唠叨、挑剔的妻子，相信他又会从宝座上被拉下来。

弗吉尼亚大学教授沙姆·W.史蒂文博士在最近的一次讲演中，呼吁美国的丈夫们，应该享有四种新自由：免于被呼喊使唤的自由，免于被唠叨、挑剔的自由，免于消化不良的自由，以及可以在一天繁忙的工作之后换上老式的衣服轻轻松松的自由。

为什么妻子要对她们的丈夫唠叨不停？理由真不少。有时候，唠叨是一种身体不舒适的症状。时常找医生做健康检查，可以使我们身体健康，这就像时常检查我们的汽车能够使它们维持良好的驾驶状况那样。

长期的疲乏，常常会转变成一种唠叨的倾向。治疗的方法是，把这个人的生活安排得更有效率些，找出造成疲乏的原因，并且消除它。

心理学家说："受到压抑的打击常会造成唠叨。"姻亲问题，性的挫折，爱的失落，内心对生活的不满——这些典型的打击，它们常常以唠叨、抱怨或诉苦的方式发泄出来。分析一个人的心理，找出这些打击，并且引导它们发泄出来，做一些有关这方面的事情，这就是消除它的最好方法。以唠叨的方式来发泄，无异于火上浇油。

有时候，法律甚至也把唠叨当成减轻刑罚的依据。从瑞典斯德哥尔摩发出的一则电讯，曾经报道瑞典国会对谋杀判罪的一个十分使人奇特的看法——此项修正法案将会把预谋杀人的罪行判成过失杀人，而不是谋杀——假如能够证明受害人是一个喜欢啰唆的人。

在乔治亚州最高法院的一个判例里，如果丈夫为了躲避自己妻子的啰唆把自己锁在客房里，那是无罪的。法庭的说法是："罗门王说过，住到阁楼上的角落里，总比在大厅里受着女人的闲气要好过多了。"

一位英国法官批准了一个男人和他那与人私奔的妻子离婚，但是把丈夫所要求的赔偿金从700美元削减为210美元。这位法官解释说，"由于双方的不和，妻子对于丈夫的价值，早在一年一年地降低了。"

在纽约的《美国新闻》杂志上，专栏作家哈·波义耳曾对这个判决指责道，"有哪一位妻子愿意法律书籍写着，她的价值已经因为夫妻失和而一年一年地减低了？这并不是一个很好的判例。假如形成这种思想，也许丈夫们会开始跑到法院来，说道：'法官，我要离婚，但请不要叫我负担那个毫无道理的赡养费。我家那个老婆和我已经长久不和好了，她早就值不到一个铜板了，我只要让她恢复自由就好。'"

有些男人不但愿意让妻子恢复自由，甚至还愿意花钱想办法脱离她——无论什么方法都可以。

在纽约最近的一期《世界电信》杂志里，出现了一篇关于一位巧立名目的男人的犯罪故事——一个50岁的卡车技工，雇了三名流氓杀死了自己的妻子。为什么？原来，他宣称，他的妻子一直不停地对他唠叨、挑剔。

如果你也相信唠叨对男人的工作和成功是这么大的妨碍，你是不是也想知道，有没有什么补救的方法。

是的，如果爱唠叨的人能够了解它所带来的痛苦，并且真心想要痛改前非。

除非你知道自己有病，否则你是无法治好的。唠叨是一种破坏性的心理疾病。倘若你不知道自己有没有这种毛病，快去问你丈夫。假使他告诉你，你的确是个唠叨的人，请不要马上愤怒地否认——这只是证明他的看法没错而已。反之，你要立刻采取办法改正这个情况。以下是6个可能对你有益的建议：

1. 取得你丈夫和家人的合作

每当你快要发怒、下着严厉的命令，或对陈旧的问题喋喋不休的时候，请他们罚你0.25美元。

2. 训练自己把话只讲一遍，然后就忘掉

如果你必须很不耐烦地提醒你的丈夫六七次，说他曾经答应过要去割草，想必他现在大概不会去割了，为什么你还要浪费口舌？唠叨只不过使他更想拒绝，而下定决心绝不屈从而已。

3. 想办法使用温和的方式达成期望

“用甜的东西抓苍蝇，要比用酸的东西有效多了。”我们的老祖宗经常如此说。其实，这句话到今天还是很正确的。“如果你愿意去割草，亲爱的，我将烘好你所喜爱的水果饼让你晚饭时吃。”或者是，“亲爱的，真高兴看到你把他们的草地修得这般整齐——艾莲·史密斯说过，她真希望她的丈夫能够像你这么勤快呢”。这些方法，以及其他类似的方法，将更容易达成你的期望。

4. 培养出一种幽默感

幽默感将会使你常常保持良好的心态。只有呆子才会在悲伤的时候傻笑。但是对芝麻小事不高兴的人，早晚会精神崩溃的。有些妻子在催丈夫到浴室去拿浴巾的时候，竟然也大动肝

火，严重的程度可和洛主尔哀悼自己的孩子时相比——或者像马克夫人激励自己的丈夫去谋杀国王那样。从没有一个有理智的女人会浪费到对一件便宜衣裳付出法国舶来品的价钱；然而有些人却常常浪费精神，紧绷着一张脸，为了一些无足轻重的芝麻小事，把爱情转变成怨恨。

5. 冷静地讨论不愉快的重大事件

发生不愉快事件的时候，想办法在纸条上写下来。在当时不要说什么话，然后，当你和丈夫都很平静的时候，再把这些事情拿出来讨论。如果是不重要的小事，你一定会不好意思再提起。人们必须理智地讨论引起恼怒的主要原因，看看能不能利用相互的信任和合作来消除。

6. 你可以对自己不唠叨就能达到目的的能力感到骄傲

学习和练习人际关系的艺术，激励别人去做你想要对方做的事，而不要鞭策别人。查尔士·史考伯认为，这就是操纵男人的秘诀。当然，他的话是不会错的——因为这种能力，才会有人付给他100万美元的年薪。

就像某一首歌那样，你不能用一把枪，套牢一个男人——当然也不能用唠叨的话来套住他。那样做，只会打垮他的精神，泯灭你自己的幸福而已。

第七章
助丈夫一臂之力

应对意外的潜能

约瑟夫·艾森保在一家洗衣店做了二十多年的送货员，忽然被辞退了。一个没经过专门培训的人，要想找份工作是不易的，尤其对一个中年人来说。当艾森保夫妇正在为谋不到职位而犯愁时，恰巧有一家面包店要出售。价钱还算合理，但他们必须倾囊投入。这只是开始而已。艾森保妻子明白，在生意还不稳定之前，他们是没有能力聘请帮工的。

于是她便积极而努力地拓展这个新行业。那时候，除了做家务以外，她还必须在面包店里长时间工作，以便招待客人。除了打扫、洗刷、做饭以外，她每天还要在面包店里站上8—10小时——这份辛劳已经足够使任何一个人感到疲惫了。

“但是，我高高兴兴地干着这些事，因为我清楚，这是我丈夫重新创业的一个机会。

“如今，面包店已经开业5年了，生意相当不错。我们的经营十分成功，而且一直扩展，足够应付一切的需要。我们能够以自己的努力建立了这个事业，实在很值得骄傲。”

有许多家庭在碰到了像艾森保先生失业的这种难题之后，由于妻子不愿意帮助丈夫，整个经济就会开始下滑。

很多女人认为，丈夫应该担负一切责任，不管时机是好是坏。她们忘了，有时候为了拖出陷在泥塘里的车子，妻子也需要付出额外的努力。

还有另一位女士的故事，她也是在必要的时候付出自己所有的能力。比尔·柯门的妻子，她不仅帮忙丈夫的生意，还同时有自己的事业，使他们的家庭有了很好的经济来源。

比尔的妻子是一名护士。她在1936年嫁给比尔·柯门的时候，比尔白天工作，晚上到夜间部上课，以便取得高中的毕业证书。为了使比尔不至于放弃夜间部的学业，比尔的妻子婚后仍然继续做护士。她很希望丈夫保持不缺课的纪录，所以在她生小女儿的那个晚上，她依然坚持丈夫送她到医院后赶去上课。在6年中，比尔从没有断过夜间部的一堂课——终于在他的母亲、妻子和女儿骄傲的注视中，拿到了毕业证书。

当比尔得到了示范推销不锈钢厨具的工作以后，比尔的妻子就充当他的助手。他们在一起举办示范餐会，由比尔的妻子做菜，比尔推销。

后来比尔的父亲去世了。比尔和他的兄弟接手一家印刷厂，比尔和妻子便从比尔的兄弟那儿买下了这家印刷厂的另一半所有权。这时候他们必须向银行借一笔钱。于是比尔的妻子又去当护士，帮助偿还这笔债务。而每个晚上和周末，她都在印刷厂里当助手。

“我很高兴，”她写道，“如果我们能够继续健康地工作，5年以内，我们将可以还清我们的房子和生意上的债务。然后我将辞掉工作，为比尔和孩子们做好家务。”

比尔的妻子，是一个能够在危急关头和丈夫一起工作以及为丈夫工作的好妻子，就像艾森保太太那样。由于这种助手只是临时的，她们的效率都特别高。

家庭生活的某些危机，如疾病、欠债，或丈夫的失业，常常需要妻子暂时去工作。这种帮忙是广义的夫妇搭档的一种行动——因为妻子是在为家庭的幸福出力，而不是想拥有自己的事业来达到自我满足。这是一种所谓的“紧急措施”。

我认识一位女士，她在这种情况下做得很好，甚至为整个家庭创造出新的生活意义。她的名字是强纳生·威特·史坦太太，她和她的丈夫与5个小孩住在新泽西州。史坦先生是个推销员。几年前，一场重病使他没有办法全力工作。为了养活这个大家庭，他的妻子就碰上了这个难题。

史坦的妻子很快温习了一下她拿得出的本事。她对于办公室的工作没有经验，也没有才能。她做得最好和最喜爱做的事情，就是特制餐点：小孩子的生日点心、结婚蛋糕、宴会甜饼。以前她常常替朋友们做一些特别的餐点，但那只是因为她喜欢做而已。史坦的妻子把她心里的想法告诉了一些人，于是她的朋友开宴会的时候，都特地请她去做。她做出的餐点，都是那么可口，很快得到了赞赏——更多的订单便纷纷而来，她必须培训助手。由于所有的餐点都是在她自己的厨房做的，她的丈夫和孩子们就都来帮忙。后来，生意愈做愈大，史坦的妻子就成为一个专办酒席餐点的人，并且做了宴席顾问。

如今，她的生意已经发展到必须雇请一位长期帮手的程度了。她把自己最著名的开胃菜包装后，送到冷冻食品市场去卖，并且为半径五十里内的宴会准备餐点。

史坦的妻子的紧急措施是这样成功，史坦先生现在已经全天上班做个营业经理了，他和他的妻子有最完美的合作。“我讨厌价钱、成本和开账单，”史坦的妻子说，“我忙于创造新的方法，准备供应我的特制餐点。让我的丈夫来照料所有生意上的细节，可真是一项最了不起的事。”

我们都无法预计，将会发生什么意料之外的困难，经济来源突然中断，迫使我们必须赚取部分或全部的家庭开支。为什么你现在不立刻寻找可以运用的才能，来看如果发生意外的时候，你是否有足够的准备，去面对这个紧急变化呢？

怎样和他的女秘书成为盟友

倘若女孩子最亲密的朋友是自己的妈妈，那么男人最接近的朋友，就是他的女秘书了。一个好秘书应当尽力提高她老板的效率。她忙于促使老板的工作顺利进行，还要打理做不完的琐事。女秘书的工作范围，可能要从削铅笔到接见访客，或像个经纪人。假如没有女秘书全方位的服务，美国商业界的巨轮就不会航行得这么平稳了。

无可挑剔，一个好秘书确实是男人事业成功的重要帮手。对一个尽职的妻子来说，这种说法有什么意义呢？这只是说，女秘书和妻子两个人有一个共同的目的，都要使男人的事业做得更大。她们两个人都同样关心他最终的成功。如果她们能够互相合作，朝着共同的目标努力，而不是互相对立，她们就可把分散的效率加倍聚集起来。

可是事实上，妻子和女秘书时常遵循相反的目标行事。可能一方暗中产生猜疑，或是两个人同时嫉妒对方的贡献或影响。女秘书也许会觉得妻子自私或多管闲事，而妻子也会埋怨自己的丈夫依靠着另一个女人。

就妻子和女秘书而言，我对两方面的观点同样重视。但是经验使我相信，想要维系良好的关系，妻子的态度更具决定性。女秘书是为了要保住她们的工作，本来就希望和每个人融洽相处。

记得这些以后，我相信妻子可以总结出一些规则，用来减少冲突，加强友善的关系，并且提高和丈夫的女秘书的合作。

1. 不要猜疑

虽然我们认为丈夫很有吸引力，值得追求，但是这并不是说，他的女秘书就会把他当成目标。女秘书对于老板的欣赏，通常都是不会动真情的。我在工作中认识了许多女秘书，但是我仅见过一个喜欢抢夺别人丈夫的女秘书，依我看，这个人不管做什么工作，都会做出此类事的。

业务上发生问题，促使丈夫要加班工作时，就最需要妻子的体谅。妻子要知道，她的丈夫和女秘书正在办公室里挖空心思，而不是跑到夜总会去喝香槟。如果丈夫和女秘书一起工作，而不是独自一个人，作为妻子，应该感到庆幸，因为她知道有人将会在适当的时候提醒他到外面吃点东西。

2. 不必嫉妒女秘书的漂亮、迷人和工作

在外头工作的女孩子，打扮得漂亮一点，是由于业务上的需要。妻子如果想要装扮得同样漂亮，也是毫无问题的——通

常她们有更多的时间和金钱花费在自己的装饰上。如果嫉妒女秘书，倒不如把自己打扮得同样时髦和迷人。

大多数正常的男人都喜欢好看的女孩子，而不欣赏乏味、不具吸引力的女秘书。一个漂亮的女孩子，就像一瓶玫瑰花那样，可以使办公室耳目一新。在迷人的环境里工作，是自然的欲望——这并不像一头野狼，瞪大了它贪婪的眼珠子。

有些妻子很嫉妒女秘书的工作。女秘书太轻松了，妻子们常这么想。整天只是打扮得漂漂亮亮，坐在舒服的办公室里，除了对男人花言巧语之外，什么事也不做。而她居然还能领薪水。

这些妻子们多半不知情，许多聪慧能干的女秘书，都很羡慕妻子。在外面做事的女孩，都期待结婚放弃工作，来照顾家庭和养育孩子。更进一步说，女秘书的工作并不容易。好的女秘书必须工作得像家庭主妇那样辛劳，但是她们却没有得到像家庭主妇那样多的报偿。

3. 不要勉强女秘书替自己跑腿

如果老板的妻子要女秘书利用吃午餐的时间去买一卷丝线，排队买戏票或其他类似的杂务，这都是不好的。妻子的这种做法往往令女秘书不好意思拒绝，只好不太情愿地牺牲了她在繁忙的一天里的一小段休息时间。

女秘书由于要领取薪水，也常要为自己的老板做许多私人的杂事——例如，替老板购买送给家人的礼物，安排业务上的应酬招待，预订旅行中的旅社房间等等。但是女秘书们所领取的薪水，并不包括要替老板的太太做同样的服务，除非老板曾经特意要求她这么做。

4. 绝对不可傲慢、刻薄地奚落女秘书

虽然这种“我是太太，你是佣人”的态度是最老套的观念，但是仍然有一些女人故意奚落自己丈夫的女秘书来显摆自己的地位。通常，女秘书比这种空摆架子的太太要来得更有涵养和更受欢迎。

对于自尊心很强的女秘书，过分的亲密也是同样不合适的。妻子应该依照《圣经》上的金律，调整自己的态度，并且将心比心为女秘书着想，以优雅的风度和好的态度去对待丈夫的女秘书。

5. 对女秘书的额外帮忙要表示谢意

每个人替人做了事，都喜欢听到赞赏和致谢。任何一个女秘书都会做一些对老板的妻子有益的事，虽然妻子并没有私下要求过她。

比如，丈夫的女秘书玛丽琳·勃克小姐，常常在我们度假的时候替我们预订旅社房间，常常在我们上餐馆吃饭以前替我们预订餐位。她也替我们预订戏票。虽然玛丽琳把这些工作当作她工作的一部分，但是我却从这儿获得许多方便。

女秘书当然受到她们的赞赏。打一通电话——亲切地说声谢谢——或者是一件细心挑选过的礼物——这些小事都可以表达我们的谢意。

和那位使公司业务顺利进行的女孩保持良好的外交关系，是我们能够协助丈夫的一个重要的方法。

我有一个朋友，她的丈夫是一家大房地产公司的会计主

任，当她的丈夫碰到麻烦的时候，她都会接到女秘书打来的电话。“我想你一定希望知道，勃兰克太太，”她说，“政府的税务人员，整天都在我们这儿，勃兰克先生有很大的压力。接下来的四五天里，我们将会忙于处理我们的账目。我所能帮的最大的忙，就是请勃兰克先生中午休息久一点，好好地吃完三明治和咖啡。”

于是当勃兰克先生回家的时候，勃兰克的妻子就会特别耐心和灵巧。她取消了所有不必要的社会应酬，特别精心地为丈夫准备食物，细心照料着勃兰克先生，渡过这段艰辛的日子。

这种特意的照料，并不是随时都能做到，也不是天天都必要。可是在我这位朋友的例子里，真是配合得太妙了。主要是，勃兰克的妻子和她丈夫的女秘书都认为，她们二人是要帮助勃兰克先生以最高的效率来做事的共同盟友。

尽管有些妻子从来没有机会和丈夫的女秘书认识，但是我们大部分的人都是迟早会和女秘书见面的。我们内心的态度在此时就会流露出来。所以，为了和丈夫的女秘书相处愉快，我们应该记得以下5个规则：

（1）不要猜疑；

（2）不必嫉妒女秘书的漂亮、迷人和工作；

（3）不要勉强女秘书替自己跑腿；

（4）绝对不可傲慢、刻薄和奚落女秘书；

（5）对女秘书的额外帮忙要表示谢意。

特别的家庭合伙人

一天早晨，公共汽车里的乘客伸长了脖子，看到了一个活泼敏捷、衣着时尚的年轻女士，肩扛一把猎枪跳上了车子。

这也许是个广告噱头，或是个女怪人。许多乘客都在他们的座位上忐忑不安，直到这位女士到站了，平静地扛起武器跳下车子。公共汽车的司机才松了一口气。

其实，这只不过是爱多丽亚·费云在帮她丈夫的一位顾客的忙，把这支赊账买来的猎枪送回原来的店里。

梅尔·费云是一位成功的家庭用具工厂的推销员。他的妻子爱多丽亚，曾经想出许多方法来帮助他拓展工作，所以他称他妻子是他的“星期五女郎”。

“我先生的生活、吃饭、睡觉与呼吸都充满了对工作的热忱，”费云的妻子告诉我。而我自然也感染到这种兴奋感。“过去25年来，我已经想出许多小方法帮助他——我很喜爱这些工作。”

费云的妻子想帮助她丈夫发挥才能，去做工作上的大事，促进生意，照顾顾客，增加销售。她想，如果她能够帮丈夫处理一些琐碎但属必要的杂务，他将能够发挥出全部的才能。

费云先生有许多信件，必须在家里处理，所以爱多丽亚学会了打字。开车跑遍三十个州，对一个男人来说也是很费力的，所以爱多丽亚学会了开车。“我曾开车把梅尔从纽约时报广场送到旧金山金门大桥，”她自豪地说，“对他来说，这是一件很简单的事，对我来说可就是个奇妙的经验了。”

费云的妻子即使是培养爱好，也都是为她丈夫的事业着想。她收集了许多旧熨斗——有些已经有150年的历史了——而且为她先生画了许多彩色海报，在销售会上作为展览和陈列品。

由于爱多丽亚·费云曾付出自己的精力，所以她从她丈夫的成功之中获得更多的成就感。当费云先生在田纳西州的一次销售会上讲演时，有观众问他：“我不知道，今天晚上谁对你的讲演最感兴趣——是推销员还是你的妻子呢？”

妻子所带来的非同寻常的关注力，是一种最好的广告。难怪费云先生会把他的妻子当成不可或缺的部分。

很多女人没有想过要做费云的妻子所做的事。“他雇来的女秘书是干什么用的？”她们会这么说，或者说，“当公司愿意付我薪水的时候，我也可以做亨利的小帮手，但是到了那个时候他已经可以像我这样，把自己的工作愉快地做得很好了”。

好吧——这是他们的前途，不是我的。但是，有时候从妻子获得的一点儿额外帮忙，的确可以给男人一个冲劲儿，使他走得更快更高。

进一步说，你能帮你的丈夫做什么事，这要从他工作的类型来定。也许他需要你做点文书工作：打字、处理信件、写报告。也许是接电话，为他开车，查图书或杂志资料，这些工作都可以减轻他的负担，使他有精力做更有价值的事情。假如你希望这样帮助你的丈夫，但是不清楚从哪里着手，那就请他给你出个主意。

显然，如果你希望一个有家务事要做，有几个小孩子要带，而没有请人帮佣的女人，努力帮助她的丈夫而成为他的“星期五女郎”，那就太可笑了。可是有些女人却能把这些事都做好，又能有效率地帮助自己的丈夫。她们的动机是，想要助丈夫一臂之力。

例如，当年轻的彼德·阿塔多从第二次世界大战中退伍以后，他以一辆汽车和800美元资金创办了亚斯坎·来蒙欣汽车服务公司。

当创办经年的计程车公司忙得无法照料所有顾客的时候，有些人就转而叫彼德的车子了。

彼德的服务快速、热忱而且讲求效率，于是大家就经常叫他的车。由于他不能同时开车并且接听电话，所以彼德的妻子罗丝，就毛遂自荐地替丈夫接听电话，只要彼德在家里装设一部业务电话分机。电话分机装好了，罗丝就担负起电信发送人的责任。

如今，彼德的工作太忙了，他必须另外请一位司机入伙。但是当彼德外出的时候，罗丝依然要接听他的电话，除此之外还必须照顾他们的三个小孩，并且做完所有的家务。彼德说：“不管我花多少薪水，也没有办法雇到一位像罗丝这样有兴趣服务我顾客的人来接听电话。罗丝和我一样清楚地知道老主顾的姓名和住址——并且从他们的惠顾之中得到许多乐趣。他们知道罗丝不会给他们不正确的消息，不会在我跑长程的时候想办法拖延他们；如果我没有空，她甚至会替他们到别家计程车公司叫辆车。我不能没有这个女人！”

而罗丝也说：“假如丈夫需要帮助，没有一个女人是会忙得没法帮助自己丈夫的。如果她想要帮她丈夫一点忙，就要把家务安排得井井有条，留下时间来帮丈夫所需要的忙。”

有些女人在家里没有小孩子需要照顾，她们就可直接到先生的办公室，或是营业的地方，给她们的先生提供有价值的帮助。

贝拉·德拉斯太太就是这样做的。她的丈夫是一家诊所的医师，当他缺助手时，她便补了这个空缺，直到找到一个合适的秘书。她工作得非常卖力，仿佛她一直就在那儿做事似的。

她利用上午处理家务，下午则帮助她的医师丈夫。

“对路易丝来说，这不仅仅是一件工作而已，”她的丈夫解释说，“对于每一位要我出诊，或是到诊所来的病人的健康，她和我一样关心。”

是的，妻子为她的丈夫所做的任何工作，都具有额外的效应。他们的兴趣会紧紧地结合在一起，不只为了工作，也为了生活。她没有理由不对丈夫的工作付出更多。

像“星期五女郎”般的妻子们，已经减轻了许多成功人士的工作。安东尼·特洛罗柏是一位英籍小说家。他说在他的原稿发行之前，除了他的妻子之外，没有人曾经看过或者批评过一个字，“她的鉴赏力给了我最大的好处”。法国作家阿尔冯云·道狄不敢结婚，因为他害怕婚姻会使他的想象力变得迟钝。后来他认识了朱丽·亚拉得，开始改变了他的想法。他的一些好的作品，都是在和朱丽结识之后写出来的。朱丽有着不凡的文学鉴赏力，道狄非常信赖她的评论。他的兄弟说：“道狄写好的稿子，几乎没有一张是不被朱丽改过、修过以及润饰过的。”

哈柏是伟大的瑞士博物学家以及学术权威，17岁的时候成了盲人。他的妻子鼓励他研究博物历史，并且按照他的意念，用自己的眼力及观察帮助他成名。

如果对自己丈夫的工作或职业没有一些常识或了解，而想要给他适当的帮忙，这是几乎不可能的——我们了解得越多，就越能帮助他。

即便在丈夫的工作中，妻子并不能帮上什么特别的忙，如果能对于他工作的需求有所了解，也可以使妻子更有同情心和耐心，而成为一位更加知心的伴侣。

在詹姆斯·马修·巴里爵士可爱的戏剧《每一个女人都知道的事》中的一个场景，玛姬·伟利上床时在手臂下带着一本她的未婚夫正在看的深奥的法律书籍。她对她的朋友们解释说："我不要他知道我有不懂的事情。"

妻子对丈夫工作的了解，已经被公认对丈夫的成功有着很大的促进作用，所以，业务界正努力使成为他们雇员的太太们获得那些常识。

从前，想要使一个大公司职员的妻子，除了知道丈夫服务的单位以外，并多了解一些他工作的事情，真是太难了。然而现在已经不再是那样了。公司职员的妻子们现在正受着各种不同方式的知识轰炸：影片、小册子、讲演、公司出版刊物。

道斯谢——是利里杜礼柏茶杯公司的总经理，《福星》杂志引述他的话，说他正计划每两个月发行一份有关公司业务的小册子给职员的太太们。"如果她念了这些小册子，"道斯谢先生说，"她就会身不由己地对公司业务感到兴奋。"

"对公司业务感到兴奋"的妻子，是她的丈夫与她丈夫的雇主最重要的盟友。

瑞士欧尔利康市的某家机械制造工厂，安排了职员的妻子们参观访问的日程。在这几天，妻子们参观了整个工厂，并且听他们解释各种制造程序。工厂的经理已经发现，这是一项实用的政策，因为他们时常可以从这些太太们那儿得到改进的建议。

许多美国公司也对妻子们大开其门，他们也得到了相同的效果。例如，美国布雷克皮鞋公司，也安排职员妻子们去工厂参观，他们鼓励这些妻子们对公司的计划和政策提出自己的看法和建议。

在《今日女性》杂志里，马丁·萧尔提到一位女性，她参加了中西部一家制造家用器具工厂所主办的一次访问。当她看到她先生在机器旁工作的时候，她有了一个想法。那天晚上，她问丈夫，为什么他的机器不使用脚踏板来代替那个高过人头的杠杆——换个脚踏板将会节省许多时间和不必要的动作。她丈夫觉得这个说法很有道理，于是把这个建议告诉了老板。当这个建议被采纳后，他的生产力提高了大约百分之二十，而这个创意也使他得到了350美元的奖金。

男人把他生命的大部分都投入工作中。他的妻子有特权来分享任何一种占去了他大部分时光的职业。做妻子的在必要时候付出她的关心和帮助，不仅可以帮助丈夫取得成功，而且也得到了分享报酬的权利。

每当阅读托尔斯泰的不朽古典文学名著《战争与和平》时，我就会想起他妻子居然曾把这部不朽的作品亲手抄写过七遍。她是个真正的“星期五女郎”。

因此如果你想要给丈夫一个额外的推动力，就别忘了这么做：

（1）尽你所能去了解他的工作；

（2）帮助他做任何一种他最需要的工作，使他工作做得更好。

第八章 如何使丈夫幸福

与丈夫如影随形

知名作家哈代曾在他的文章中记述过，在新西兰某地有一处坟茔，里面有一块悠久的墓碑，上面刻着一位女士的名字和一句话："她是如此温柔。"

不知其他人看了此话后会有什么感想。在我看来，没有什么能比这句碑文更令我感动，也更让我想拥有这句话了。可以想象一下，当这个痛不欲生的丈夫把这句话刻在妻子的墓碑上时，心中一定充满无尽的幸福回忆：每日工作回家，妻子总是做好了美味可口的饭菜，在笑容可掬地等着他回家；一个俗套的小笑话也能逗她开心，家里充满了温馨和爱意。

专家曾经说过，如果一个妻子能让丈夫觉得幸福快乐，他就能顺利地取得事业上的成功。一个成功的丈夫，背后总有一个温柔可爱的妻子。

但是，很多深爱丈夫的妻子不知道怎样才能让自己的丈夫活得幸福快乐。尽管她们深爱着自己的丈夫，却总是做一些蠢事：死死地缠住要出门的丈夫；本应聆听丈夫讲话时，却唠叨个没完，像个教官一样把家里的事情当军事来处理。

原本，想要让丈夫宠爱是很简单的，在对待这方面所花的心思可远远没有女人打扮自己所花的心思多。像准备一场舞会一样，只要你聪明一点，肯动脑筋，肯努力就行了。当然，我们也要打扮，但是，那些过分修饰自己的女性一定不要忘记对自己的丈夫表示出你的关心。那些懂得如何获得丈夫宠爱的女人根本不担心自己年华即逝、身材的不完美，因为她们得到了丈夫的欢心。

每个出色的女秘书都会研究老板的爱好，知道怎样才能讨老板高兴。她了解老板喜欢什么，也知道老板讨厌什么，还明白在什么样的环境下，能更有效率地完成工作。她甚至会改变一些个人的爱好，让老板对她更满意。如果她的老板喜欢自然的装扮，她就会用无色透明的指甲油。其实，妻子们也不妨向这些女秘书学习一下，像为老板工作一样，为自己的丈夫做这样的事情。妻子愿意学习怎样才能获得丈夫的欢心是幸福婚姻成功的前提。

罗斯福总统出去演讲时，为了减轻自己在过度紧张的行程中的压力，他喜欢儿女们陪着他。我采访罗斯福夫人时，她告诉我，当丈夫出去演讲时，她会安排孩子们轮流陪他，几乎每隔两个星期就轮换一次。总统对于这种安排十分满意。她说："在旅途之中，总会发生诸多有趣的事，我们的旅途总是充满欢声笑语，所以，他也能轻松自如地处理那些繁忙的工作。"另外，艾森豪威尔总统的夫人也说过，用点滴的小事给丈夫带来幸福是一个妻子最主要的工作。本来，这些小事并非真的有趣。有人说过："若想培养出最好的风度，必须先要做出小的牺牲。"

同时，这也是婚姻幸福的关键所在。如果一个妻子能为了丈夫和家庭的幸福放弃一些个人嗜好，那么，她所得到的回报将远远超过她所付出的。因此，这样做是非常值得的。

约瑟劳尔·卡巴布兰加先生是世界知名的国际象棋冠军，也曾做过古巴的外交官。他十分睿智，很受人们的欢迎。他和许多成功的男性一样，也会固执己见。但是，卡巴布兰加先生的妻子奥嘉·卡巴布兰加夫人却愿意放弃自己的爱好，所以，他们的婚姻十分美满——他们拥有浪漫的爱情，彼此敬重对方。奥嘉·卡巴布兰加能让丈夫开心快乐，因而有时候，卡巴布兰加先生为了让妻子开心也不再坚持自己的看法，她只是做了点“小牺牲”就获得了丈夫的欢心。当卡巴布兰加先生坐立不安时，她就会很安静，让他有独立思考的空间，从来不会唠唠叨叨地激怒他；本来，她很喜欢参加社交舞会，但因为丈夫喜欢留在家里，她也就自觉自愿地放弃了自己的爱好；他不喜欢她穿的衣服，她就立刻换一件他喜欢的衣服；本来，她只喜欢看娱乐性的书，而她丈夫却喜欢看哲学和历史方面的书籍，所以，她也就认真地看丈夫喜欢的书。就像她对我说的那样，这么做是为了“领会和欣赏他的意图，从而理解他的思想”。

这些做法得到了什么呢？丈夫会感谢她吗？你很快就会明白的。卡巴布兰加先生原本认为，赠送礼物是世界上最可笑、最装模作样的事了。可是，有一年的情人节，为了表达自己对妻子的爱意，他特地送给她一盒十分精致的巧克力。当时，他像一个小学生一样红着脸。她高兴极了，理智的丈夫居然会做这样的事，难得的是，卡巴布兰加先生是真诚地这样做的。从此以后，卡巴布兰加先生就开始喜欢给妻子送礼物了。有一次，他特意花钱请一名职员帮他干了两小时活，就是将一小瓶香水用一连串大小不同的盒子包装起来，他就是想看到妻子打开盒子时一脸幸福的样子。

卡巴布兰加太太给了丈夫幸福，而为了感激她的牺牲，博得她的欢心，她的丈夫千方百计地哄她开心，并从中体会到快乐。这样，也就不难理解他们的婚姻为何会如此美满了。

卡巴布兰加太太的例子证明，如果一个妻子能让丈夫幸福，那么，丈夫也会给她幸福。著名的笛斯雷利的妻子也有这种感觉，她骄傲地和朋友们说："一直以来，我的生命都充满着单纯的幸福，为此，我对丈夫的体贴十分感激。"

对男人而言，只要他觉得舒适，并能做自己想做的事，他就会感到快乐和幸福，所以，妻子想做到这些是很简单的。当然，也就是说，妻子应该喜欢丈夫的消遣和娱乐方式，改变自己以适应丈夫的喜好。无论怎么做，我们都应该明白，如果丈夫能觉得快乐幸福，那么，他就有可能取得事业上的成功，这也是妻子所能做的最大的贡献。让我们期盼那最美好的事情：40—50年以后，他将深情地说：

"她是如此温柔。"

给自己加点料

成为好伴侣的一个方法是，妻子要有一些不一样的、家庭以外的个人爱好。

就像一个男人花费几分钟或几小时用在他的兴趣嗜好上，

之后，就能够恢复和加强体力，再回到自己的工作上，妻子如果能够参加一些家庭以外的活动，就可以以更好的心情来做完家务。

许多时候，使我们感到疲倦的，并不是繁重的工作，而是厌烦和单调。很多人在游玩的时候，和赚钱同样地卖力。这就是因为活动内容的改变，可以消除疲惫的心情。

因为家庭主妇必须消磨许多独处的时光，如果能够利用休闲时间去和别人联系交往，那是非常有益的。参加消费者讲习会或服饰介绍会、音乐欣赏会，每星期到某些慈善机构工作几个小时——像这样的计划，可以给女士们灌输一些新观念，而且使她们增加见闻。

华尔特·G.芬克百纳太太，当她自己的小孩开始上学之后，她就到圣鲁克圣公会教堂的主日学校班级去授课。她发觉她对于照顾小孩很有天分，所以她也开始到圣鲁克日间部学校教幼儿班。

芬克百纳夫人写道：

这件工作带给我许多惊喜，我以前对于家务的要求过分苛刻——每一件小事情都必须严厉苛责。现在我的目光放得比较长远了。早上我提早一个小时起来整理家务，然后再驾车送孩子们上学。接着我也到自己的学校去。

我是幼童军的保育员。周三晚上，我陪丈夫和一些朋友打保龄球。星期四晚上空下来参加我们教堂里的一个讨论会。这个讨论会在心理上和精神上给了我极大的好处。再加上每星期三天的教课，我的工作表就排满了。

这些家庭外的工作有个很大的收获，那就是在我们家人晚餐的时候增添了不少乐趣。晚餐时间是一整天之中我们全家人在一起的唯一时刻——在这时候聊一些话题，使我更有精神和更加愉快。我曾经读过描述一个精神病患者的文章。他小的时候，由于父母时常把餐桌当作战场，互相争论有关金钱、礼节以及其他事情，因此他现在想要吃东西的时候，就会把食物都吐出来。在我们家里有个规矩，吃饭的时候只能谈那些快乐的话题。晚餐就是一个综合汇报时间，使我们大家都分享到这一天的趣事。我这个具有创造性的休闲时间之工作计划，也给了我一些有趣的事情来和大家分享。

这些工作也给了我更好的价值观念。我不再在意从前困扰着我的小事，而把精力集中在较大、较重要的事情上——譬如把我们的家变成一个和平与爱的天堂，而且使每个人都感到舒服、愉快。

假如，选择适当的工作计划能够带给芬克百纳夫人这么多的好处，那就同样可以带给你或我这些好处。

至于哪一种兴趣或嗜好可以带给你好处，这就要看你有什么特殊的天分或喜好了。想想你自己，看看有什么东西是你一直想要享有或是想要做的，这不需要花你的钱。看看你的周围，你将会很吃惊地发现许多很有价值的（而且是不贵的）活动，即使最小的乡镇也会有。如果你找不到你想要的东西，不妨辛苦一些，将与你有相同愿望的人组织起来。

就我个人而言，我从固定参加纽约城莎士比亚俱乐部的活动得到许多乐趣。这个研究性的团体，总是讨论一些我很喜欢的题目。在400年前的世界里探索，使我在思考20世纪问题的时候有了一种新颖的观感——而且使我除了与丈夫谈谈牛排的价格以外，也有了一些其他话题。

我丈夫对于亚伯拉罕·林肯的人生有着特别的兴趣，我则对莎士比亚比较有兴致。我们相互学习，对于对方心目中的英雄人物就有不少了解。我们有诸多讨论的机会，有时候会引发争执，但也得到许多乐趣。如果我们都只是喜爱相同的东西，就得不到这么多交流了。由于各自有不同的爱好，我们互相开阔了对方的眼界，带给对方更多的认识。

沙慕尔和艾瑟·克林在他们合著的《婚姻指导》中说道："结婚后的夫妇过着非常亲近的生活，他们在一起做每一件事情，结果常常给彼此的关系造成了沉闷的影响。培养不同的兴趣和爱好可以使感情不断地更新，帮助他们保持婚姻的新鲜与活力。"

这段话，等于把我的看法用总结的方式表达了出来。如果你觉得你的婚姻已经单调得需要加点调味品了，你就想想看你有什么爱好吧。检讨下你是不是已经成为你先生的最好伴侣了。

培养共同的志趣

杰克·弗莱克是美国高尔夫球公开赛冠军，他在为纽约《世界电讯》写的文章中叙述了他如何克服种种障碍，接管依阿华州达文波特市两个市政高尔夫球场的事。那段经历十分艰辛，一方面，他要让球场保持正常的运行，另一方面，他又要挤出时间参加球赛，争取拿冠军。直到与来自芝加哥的林恩·伯戴尔结婚后，他才有了自己的机会。林恩全身心地投入工作，经营球场，让杰克有更多的时间练习。

1952年，林恩、杰克和他们13个月大的儿子一起参加了循环赛。林恩在杰克比赛时在场外照顾儿子。杰克说："林恩从没有跟着我看比赛。邮递员的老婆也不需要跟着他满街跑，对吧？"

在杰克·弗莱克看来，高尔夫球是他的爱好，也是他的生意。他的妻子没有参与他的比赛，但她在场外关注着他，为他加油，她是一个好妻子。

我丈夫的一个学生曾讲过她是怎样协助她的丈夫实现自己的理想的，她的秘诀也是：做一个好伴侣。

弗洛伦斯·梅纳德太太住在纽约州北部的一个小城里，她是一个典型的中产阶级的太太。在婚后的前16年里，她尽心尽力地照顾家人，但总是觉得有点儿失意。最后，她清楚了，她缺少的是陪伴。在家庭以外，梅纳德先生和妻子没有任何共同的爱好。梅纳德太太决定改进一下这种状态。

她说："我丈夫最喜欢职业曲棍球比赛了，由此，第一步，我就开始培养自己对球赛的兴趣。在还不了解比赛是怎么回事时，我就发现自己已经喜欢上曲棍球了。我和他一样盼着看比赛，我在电视报上找什么时候有比赛，然后画出比赛的时间。我不仅爱这项让人兴奋的运动，我也觉得自己有事做了——不像以前那样，我一个人孤单地坐在一边看着丈夫看比赛。从这件事开始，我又试着了解丈夫的其他爱好。现在，我培养了不少和丈夫一样的爱好，而从前，我只是帮他看家罢了。"

第九章
魅力女人最阳光

魅力是心底发出的欢笑

魅力来自心底的快乐。当人们快乐时，地狱也是天堂。女性的美就在于：她具有独特的魅力。

在我们的演说课程中，有一位名叫詹妮弗的青年女子，她的梦想是去夏威夷度假。她总是对我说："我要是能去夏威夷玩就好了，哪怕几天也成。"她和她男朋友终于决定去夏威夷了。她将这个消息告诉了包括我在内的所有朋友。她快乐地叫喊着，急不可耐地等着去夏威夷，"再过3个星期我们就能去夏威夷了！""再过一个星期，我就能躺在那片海滩上喝饮料了！"

几星期后，她度假归来。我问她，对于这次旅行，有什么感想。她遗憾地对我说："长久以来，去夏威夷度假都是我的梦想，对此，我花了许多经费。照理来说，我本该特别开心才是，可其实我一点儿都不开心。夏威夷的天气酷热，他整天一点儿精神都没有。我不想就在饭店里待着，就和他并排躺在躺椅上，这样的日子单调枯燥。躺在海滩上，我一点儿被爱的感觉都没有，我只感到自己很可怜。我觉得快要发疯了，我真希望自己从来就没去过那里。到底是哪儿出了问题呢？”

很多人都有过类似的经历。他们以为去什么地方，或者做什么事，自己会特别开心，比如去看一场朝思暮想的演唱会，去一家高级饭店吃饭，或者去著名的旅游胜地旅行，等等，最终却不尽如人意。

问题出在哪里呢？夏威夷的海水不蓝吗？棕榈树不美吗？是演唱会的歌手唱得太糟糕，还是高级饭店的饭菜不可口？

其实跟外界环境没有多大关系，而是由于，外界环境没有足够的力量平复我们内心的焦虑。如果工作让我们气馁了，或我们的感情出现了危机，这时，我们就会心情不好。就算我们身处于世界上最美丽的地方，我们也不会有心情去看那些秀丽的风景。反之，如果我们原本就很开心，就算身处最糟糕的地方，我们也会觉得如同在天堂里一般。

因此，外界事物并不能使我们快乐起来，快乐来自我们的内心。也就是说，一个人是否开心，不在其处于何种环境，而是由心境决定的。

外界环境是一个中立的世界，发生在我们身上的事只有事实，没有绝对的好坏之分。什么是事实？就是我刚刚把车子撞坏了，我的朋友迟到了，我生气了，这就是事实。发生在我们生命中的真实的事实，它实际没有好坏之分，所谓的好坏是我们自己在心里的定义。一般来说，人们内心的感受在日常生活中会有所表现。高兴也好，难过也罢，都是我们内心的感触而已，而我们的感受可以改变我们所处的外界环境。

除了我们自己，没有什么能使我们快乐，也没有什么能让我们难过。

大多数人都不明白：快乐是来自心灵的。很多人从出生那天起就开始寻找快乐，把快乐寄托在外界，不相信吗？那就看看吧：

“我想让人喂我……我想别人抱着我……我想玩那个玩具……我不想睡觉，我想看电视……我想和那个男生谈恋爱……我想考个名牌大学……我想找一份好工作……我想我们能结婚……我想要一套房子……”不同时期，我们满怀不同的期望。我们相信，如果这些梦想成真，我们会很快乐。但是，如果这些期望没有实现呢？

当我们的期望破灭时，我们会十分难过。我们会失望、生气、迷惑、不安、焦虑，总之就是感到不开心。我们对生活、爱情充满了期望，然后让自己处于期待之中，期望的满足程度将决定我们是否快乐。

每天，我们都在无数次地重复着这样的心路历程：期望—失望—难过。

早晨，你从闹钟的响铃声中惊醒，揉揉惺忪的双眼，看一下窗外的天气：“坏了，下雨了，路上一定很堵。”你的第一件有个好天气的期望落空了，你开始有点儿郁闷。

起床后，你慢吞吞地走到厨房做早餐。此时，你发现，昨晚你忘记打开自动咖啡机的开关，结果，早晨没有热咖啡喝。你期望的第二件事也落空了，你比较无奈。

你去淋浴，然后穿衣服，忽然发觉裤子不太合适：“天啊，又胖了！”现实再一次把你的期望打碎了，你开始难受了。

你来到单位，热情地和同事打招呼：“早上好。”“早上好。”同事就像在应付你一般，面无表情地重复了一句。你立刻扫了兴，你想知道究竟是怎么了。

瞧，一天才刚开始，你就有这么多理由让自己不开心，于是，你开始沉默，不再有激情。久而久之，原本那张阳光明媚的脸被一张阴沉的“苦瓜脸”替代了，逐渐地，魅力也离你而去。其实，一个女人是否有魅力，不完全取决于外表而取决于其性格开朗，心中是否充满阳光。

为什么要让外界环境决定自己的快乐呢？这样只会养成我们的依赖性，让别人左右我们的快乐。世事无常，无论我们多努力，我们都没有能力去控制周围的人和事。我们阻止不了一些客观事情的发生，比如下雨，也无权要求别人像我们希望的那样去说话、办事。有些人总希望能创造一个理想的环境，不遗余力地使自己生活中的每件事都安宁而和谐。其实，这就像在波涛汹涌的海洋里寻找平静一样，全然是徒劳的。

几年前的一个夏天，我的生活被意外弄得一团糟，那一系列巨大的挑战磨炼着我。我的世界像被台风扫过一样，变得破败杂乱，一无是处。我开始极度恐慌，于是，我给我的一个朋友打电话。我相信，任何听我诉说那些事的人都会同情我。可是，当我诉完苦时，我的朋友用十分温柔却有力的声音对我说：“陶乐丝，是谁让你变得这么不开心呢？”

我试图找一些理由：“是那些家伙！那些家伙那么对我……”朋友又重问了我一句：“陶乐丝，是谁让你变得这么不开心呢？”

就在那一刻我幡然醒悟。“是谁让你变得这么不开心呢？”实际上，他们没有直接让我如此难过，是我这么给自己定义的，如果遭遇这些事或身处这种处境，我就会很难过。是我自己让自己不开心的。

“是谁让你变得这么不开心呢？”这句话让我意识到，没有谁夺走过我的快乐，是我让自己不开心的，因为我把快乐寄托在别人的身上。我给了别人主宰我的权力，而他们自己其实是不知道的！这就是关键所在，是我主动交出这种权柄的，是我让自己难过的。

每当我感到自己有些难过时，我就问自己："陶乐丝，现在，是谁让你不开心了？"当然，最终，我会做出同样的回答："是我自己。"然后，我再让自己回到正确的位置上，我提醒自己要乐观地看待周遭的环境。其实，快乐就来自你的内心。

对于女性美丽的标准，不同种族、不同国家和不同时代的人们有着不同的认识。不过，人们对魅力的理解却很相似，那就是：

魅力源于心底深处的灿烂光芒。

幽默是魅力产生的浪花

或许，在某些人看来，幽默可有可无，它既不会让你长高，也无法使你减肥，也不会帮你赚钱，更不能令别人对你一见倾心。即使在你难过的时候，它也不能马上让你高兴起来。可它的确别有用途！

倘若你懂得幽默，你将会轻松地面对现实，坦然地接受自己的身高、体重等等。在幽默的支撑下，你会重新对待经济问题给你带来的苦恼，进而意识到：生活原本并非你想象中的如此令人难堪。

或许，让别人马上喜欢你不是一件容易的事。但是，当众人被你逗得开怀大笑时，你会在欢笑中更加认清自己，从而对别人更为坦诚。于是，你就可以拥有温暖而和谐的友情，甚至，你可以和一面之交的人成为很好的朋友。这就是幽默的魅力。很明显的是：你如果能让隔壁邻居对你产生好感，那么，你也能让其他邻居都对你产生好感，你甚至可以让全世界的人都对你产生好感。

用轻松的心情面对生活，用幽默、自嘲的方法去解决问题，才能使许多小小的烦忧消散于无形之中，避免产生更大的忧患，你也就更能承受生活带给你的压力。

我们可以用微笑面对我们在生活中遇到的那些让人难过的琐事，这样，那些难过很快就会烟消云散。在和别人一起欢笑过后，你就能把小事摆在适当的位置。你会发现，那些小事和你的整个生活相比是多么微不足道。同时，你让别人明白，他们可以和你一样轻松地面对生活。

你可以在寒冷、酷热或者过于潮湿的天气讲一些有关天气的笑话，使人们振作起来。在生活里试试这样的“催化剂”吧！

“天气预报上说，今早会有大雾。果然，早上我出门时，就看到邻居们在大雾里挣扎徘徊呢。”

“我办公室里冷透了，就像每个地方都结了冰一样，办公桌椅只好装上防滑链了。”

当你在超市等着结账或在银行排队时，如果你能幽默一下，让别人和你一样开心，难道不比站在那儿焦急地等着要好一些吗？

“我没去排的那队总是动作比较快——这是自然法则。”

“速度快不一定是最好的。如果是这样，应该由兔子统治世界才对。”

“本来我买了3条比目鱼，可排了这么长时间的队，也许，结账的时候我买的其实是3条鱼干呢。”

你用轻松幽默的方式为他人营造了一个愉快的气氛，告诉他们，那些小事也可以让人开心。因此，你也给别人留下了深刻的印象。

如果我们想在人际关系中给他人留下一个好印象，那么幽默也许是最好的方法。无论是做客人还是主人，我们都可以充分利用幽默的魅力。看起来健康快乐、满脸笑容的人肯定比一个一脸怒气或郁郁寡欢的人更受欢迎。

米罗是纽约一家知名时装公司的董事长，他说过：“客人发出的最美妙的声音就是笑声了。”

和优雅的言行一样，幽默能帮助我们在社交中应对自如。无论何时何地，幽默都能让人魅力十足，使你与他人的沟通更为通畅。

你去参加朋友的婚礼时，新郎新娘也许会有点儿紧张，你完全可以适当地开个玩笑，使他们的心情放松下来。

如果你无意间说错了什么话，或者做错了什么事，当然会让你自己也很尴尬，不过，在你接受了现实，平静下来的时候，不妨讲个笑话，或者说点俏皮话，这样就能让气氛轻松起来。

在一次聚会上，一个根本不会唱歌的女人坚持要唱《我的肯塔基老家》。唱完之后，女主人见一位年老的客人竟然潸然泪下，于是十分同情地问他：“您是肯塔基人吗？”这位老人说道：“不是，我是个音乐家。”

斯曼莱·布兰顿博士在他的一部著作中写道："若要看一个人是否心理健康，要看他是否能适度地自爱。对于工作和事业来说，适度的自爱就更重要了。"

他说的没错，喜爱自己是我们是否能健康、成熟地生活的标志之一。喜欢自己并不是自以为是或孤芳自赏，而是快乐地接受自己的缺点和优点。有缺点并不可怕，可怕的是缺乏优点。

缺乏优点也会毁掉女人的魅力。

只因为气质超凡脱俗，一个身高并不完美的女孩就能迷倒众多出色的男孩。男孩们在看到她的第一眼时，就被她的魅力所倾倒了，在这种情况下他怎么可能在鸡蛋里挑骨头，仔细琢磨她的身高是1.59米还是1.62米呢？

有些既定的事实是无法改变的，比如，我们的身高、长相、智商等。即便如此，只要你善于发现、培养和发扬自己的优点，让你的优点展现在人们面前，我们仍然可以不断地增加自己的魅力。

不要对自己过于严厉，有时我们得让自己轻松一点，或自嘲一下。比如说，如果你在两个小时内三次丢掉了钥匙，或者找不到钱包，或者把衣服弄上咖啡渍，你可以试着对自己说："哎呀！可真有意思！创吉尼斯世界纪录了！"甚至当你一枝独秀、发表一篇成功的演说时，或者刚找到一份理想工作，你也不妨调侃一下自己："哎呀！可真有意思！我在这方面还是很强的！"这样，你对自己会更有自信的！

下面这则使气氛由尴尬变为融洽的故事可以证实我的说法。

一个年轻女孩希望能在订婚宴上给未婚夫的家人留下个好

印象。于是，她笑容满面地走进了屋子，不料，她不小心被座灯绊倒了，灯又把小桌子弄翻了，结果，她正好跌在了小桌子上，摔得十分狼狈。

她马上跳起来，挺直身体说："看！我还能表演杂技呢！"

她的自嘲扭转了尴尬的气氛，表现出了她的自信。她不但消除了别人的紧张，而且，也如其所愿地给未婚夫的家人留下了好印象。用幽默来处理突发事件不是比小题大做更可取吗？

幽默感也可以像其他技巧一样培养出来。你可以用以下方法提高自己的幽默水平：

（1）建一个专门收集好玩的卡通书和笑话的收藏库。

（2）把有趣的东西贴在随时看得见的地方，这样，你就能在每次看到这些东西时笑出来。

（3）把你最喜欢的滑稽电影、滑稽书收集在一起。

（4）回忆自己做过的事，把它们写成一些有趣的逸事或可笑的故事，以今天的眼光来看，那些过去让你辗转反侧的事也许是十分可笑的。

我的一个朋友是如此理解这点的：她8岁的儿子杰里米是一个十分聪明的小男孩。有一天，他不想上课了，于是在给老师的便条上这样写道："很抱歉，今天中午，杰里米不能上学。"他还模仿他妈妈的笔迹署上了"杰里米的妈妈"几个字。我的朋友接到了老师打来的电话，顿时大笑起来。

（5）要面带笑容。这好像有些陈词滥调，但研究表明，如果你在其实不是想笑的时候笑了，你的面部表情会影响你的情绪，使你轻松起来。反之，如果你皱眉，与皱眉有关的情绪就会跟上来，比如担忧、压抑、挫折。

（6）想一想，一个幽默的角色是如何处理问题、解决危机的。

朱丽叶·德赖弗斯会怎么处理呢？《周六夜生活》中的蒂娜·菲伊呢？

（7）每天在自己和别人的行为中寻找一些好玩的事。跟别人讲好玩的事情的时候，假如别人真的高兴了，他会和你一起笑；不要像一个滑稽演员一样，坚持将自己的观点强加于人而使人不开心。

只要你觉得故事比较有意思，你就应当微笑，或者大笑。记住，最重要的是你要自然地表现出你的幽默，不要强迫自己。

你的幽默感是你人格魅力的重要组成部分，自信地表达出你的幽默感吧！

激情是冲开魅力的阀门

如果激情没有了，魅力还会存在吗？

还记得最后一次疯狂地拥抱一个人是在什么时候？还记得才恋爱时，很想把自己的快乐与女友分享是在什么时候？还记得只想兴奋得把看过的一本书、一部电影、一次展会或是一场演唱会说出来是在什么时候？

对于大部分人来说，或许已忘怀了。而且，就像香槟酒里的气泡一样，这些事情所表现出来的激情只是在某个瞬间勃发出它的生气。

但是孩子却与我们不同，他们常常满怀激情，能为一件小事而开心不已，甚至在一些比较不顺的境地，也能找到能让他们高兴的事。

这几天的天气很坏，一直下着雨。几乎我遇到的所有人都在向我埋怨糟糕的气候。前天下午，我在邻居伊莎贝尔家喝茶闲聊，那时，一场足足下了1个小时的倾盆大雨终于停了。突然，门铃响了，伊莎贝尔那8岁的儿子罗恩站在门前，浑身上下都是泥水。他高兴地跟我们吹牛："男子汉就是健壮，我骑着自行车过了好多水洼呢！"我们被他逗得大笑起来。

我们也曾有过孩子们的这种激情，流年似水，我们的激情逐渐消退了。当然，这也许与父母的教育有关系。

小时候，我们总会因为接触到新的事物而异常兴奋。这时候，我们需要的是称赞、谅解和支持，可我们得到的却总是善意的规劝。记得我9岁时，邻居佩拉家的猪生了几只小猪崽，佩拉说可以给我一只。我一蹦一跳地跑回家告诉母亲，母亲却说："亲爱的，这怎么行！把小猪放在屋子里会熏臭整个屋子的。再说，如果我们出去玩的话，就不能照顾小家伙了。咱们不要好不好？"我只好放弃了这种想法，等第二次再遇到这种情况时，我就能抑制住自己的想法，再也不会提出那种要求了。

那时候，大人们也常常会批评我们表达激情的方式。当我们因为激动而大声说话时，父母经常会说："别大声吵吵，你得学会温文尔雅地说话。"当我们因过于兴奋而奔跑时，父母经常会提醒我们："慢点，慢点，别跑那么快！"我小时候就是这样，那时，我一高兴就忘乎所以了，父亲就会对我说："孩子，你要学会克制。"结果，我果然学会了克制。长大后，每当我遇到让人兴奋的事，也只是淡淡地说些"真奇妙啊"或者"难以置信"之类的话，仅此而已。

大人们常常以他们成人的优势，以教育的名义压制孩子的天性，却不去强化孩子的激情，久而久之，激情就变得难以保持。长大后，我们越来越冷静，我们学会了客观地权衡利弊。我们认为自己已经看透了一切，几乎不再发问。

如今，我们的生活没什么滋味，似乎没什么可以让人兴奋的；工作不过是公事公办，乏味至极；我们总是守在家里；对丈夫的吸引力也在渐渐消失……但是，每个女人都知道，激情可以增添魅力。当我们与激情奔放的人待在一起时，我们的情绪会有所转变，即便是胆怯或内向的人，也会变得精神亢奋、眼睛雪亮、声音高亢。我们几乎摆脱不了这种魅力。

我们的确应该表现出更多的激情来增添自己的魅力。那么，有什么办法可以使我们变得活泼和热情洋溢呢？看看下面的例子吧。

马克·吐温在《汤姆·索亚历险记》中曾描写过小汤姆的伙伴是如何被汤姆的激情感染的。

炎热的夏季，汤姆很想去河边游泳，可姑妈波莉却让他给花园里长长的篱笆刷漆。总有去河边游泳的伙伴经过他身边，对汤姆来说，这简直就是一种折磨。为了不让伙伴们怜悯或讥笑，他脑子里产生了一个充满创意的想法。他开始专心地干活，就像刷漆是一件很好玩的事一样，而对于伙伴们的玩耍就似而不见。有个小伙伴故意刺激汤姆：“你慢慢刷啊，不管怎么说，我都是要去游泳的。”汤姆没搭理他，继续开心地刷漆。小伙伴对此很不理解，于是就问汤姆：“你好像很愿意干活呢。”汤姆充满热情地说：“没错，我们每天都可以游泳，可我们很少能像大人一样干刷漆的活。”于是，小伙伴被汤姆感染了，也想来刷漆，甚至有一个小伙伴还答应给汤姆一块口香糖。其他小伙伴也求汤姆能给他们一个机会。结果，汤姆一点儿都没费力气就把篱笆换了个样子，而且，小伙伴们给他的口香糖之类的报酬把他的口袋装得鼓鼓的。

这个故事不是让我们学会找朋友帮我们干活的方法，而是说，我们可以在看上去完全没什么吸引力的工作中找到一点激情，或许我们可以喜欢那些我们原本不喜欢的事情。或许，你会认为这是在欺骗自己，不过，换个角度来说，这样做可以激发自己的热情。

古希腊的一位哲人说过："生活的本身是怎样的并不是问题的关键所在，我们如何看待生活才是关键。"换个角度看事物，你就可能看到生活中令人兴奋的、让人感兴趣的地方。

对于这一点，我上学时半工半读的经历就是一个很好的证明。我所做的许多工作都不是我喜欢的：自上学以来，我最烦见到数字了，可我却干过会计；我在饭店当过服务员，学会了笑容满面地讨客人欢心。从客观上看，这好像都是让人难以提起兴趣的挫折。但是，在那时，我就开始情不自禁地运用汤姆·索亚的方法了。我对自己说：我可以从这些工作里认识生活，接触一些从前很难了解的东西。

在人们所处的环境中，总有好的方面等待你去发现，如果你尽力了，你就会找到隐藏在生活中的闪光点。如果你每天抱着"反正我不想做这事儿"的态度去工作，你肯定不会有任何激情的。

试着做一天世界上最温柔的情人、最完美的妻子、最负责的同事，你会惊讶地发现，在很大程度上，你的这种做法改变了你的态度，在你认为根本不可能产生激情的地方，你发现了激情。

那种与我们的气质契合、符合我们的个性和价值原则的、发自内心的爱好是真正能使我们着迷的、激发我们热情的东西。

如果不对这种完全属于个人的爱好加以保护，这种爱好是很容易被埋没或忽视的。如果想不起自己有什么爱好，就想一下你小时候喜欢做哪些事情。在深夜贪婪地看惊险小说？还是给布娃娃缝衣服？抑或是给自己在那里化妆自导自演？当然，我并不是要你去再看一遍小说，但是，你是否可以试着探索一条新的旅游路线，去尝试一次刺激的度假呢？没准，你会找到小时候看惊险小说时的刺激。你小时候不是很爱看木偶戏吗？现在，尝试用针线缝一个木偶也很有趣啊！

不要轻易放弃你新培养起来的爱好。你要明白，我们的激情会被一个小小的理由轻易打消的。比如，工作忙，没人陪，别人不同意，等等。这样的言论是有很多的：登山太危险，有天赋才能去学画画，看言情小说就是在逃避现实……把这些言论抛在脑后吧！重要的是，在我们的生活里，要有事情能真正地激发我们的热情，这些事情是我们快乐的源泉，魅力的源泉。

特莉莎喜欢驾驶帆船，然而，这需要花很多钱。她什么都不舍得买，也不舍得吃，只为了购买新船或者测量用的仪表。与此同时，她苦练技术，希望能早日熟练掌握驾船的技术，拿到驾照。她周围的人都被她的热情所感染，在她生日时，她收到了朋友给她预定的一年的帆船杂志，这个特别的礼物让她喜出望外。以前，她男朋友总称她是“倔强女士”，后来，居然也和她一起学习帆船了。不久前，他们在一次帆船比赛中获得了很好的成绩。

前不久，已经做了祖母的玛瑞莉报名参加了业余大学的流苏花边编织技术课程。她喜欢用彩色毛线编织出各种图案，很快她又学会了凸纹编织法。她十分得意自己的创意，她把自己的家布置得十分温馨，编织了许多壁毯和其他编织品。然而，有时，她一编织起来就会忘记四周的一切，这令她的丈夫不时地去提醒她应该休息了。

不仅发展内心的爱好和做喜欢做的事可以萌生激情，做日常生活中的小事也能爆发激情。这要求有敏锐的感官。我们的感官不仅可以使我们过上平稳的生活，也可以使我们体会生活的美好。我想，以下的建议会把你的感官锻炼得尤为敏锐：

1. 注意观察季节的变化

世界在不同的季节所呈现出的色彩是不一样的。美丽的鲜花和橘黄色的南瓜会使你高兴起来。

2. 清晨，你可以早起，呼吸一下清新的空气

3. 你有过月光浴的经历吗

一位作家曾在自己的日记中记载了月光浴的感受，我们可以想象，被笼罩在柔和皎洁的月光里是一件多么令人陶醉的神秘事情啊！

4. 即使我们不信上帝，也可以去一下教堂：教堂宁静祥和的气氛能让你的身体放松下来，唤醒你的感官

5. 无须任何理由，如果朋友们都有时间，你可以将你的CD和一些古老的、经典的密纹唱片拿出来，举办一次音乐会

无论怎样，音乐很容易激发人的激情，而我们心里非常清楚，哪种音乐能使我们释放激情。我们那些郁郁寡欢、伤心失意的情绪会在西班牙博莱罗舞曲、钢琴爵士舞曲的刺激下一扫而光。

6．玩纸牌，要么就做游戏

我们会在自己赢了游戏的时候分外开心！我们还可以玩小时候玩过的游戏。我们可以通过玩游戏的方式来增强自己的洞察力，我们会挣脱习惯的束缚，给已经少得可怜的激情注入新的活力，这是良好的开端。

7．应该把激情讲给别人听，而不是留给自己独自去享受，要有意识地与别人共享激情

推销员们崇拜这样一句话："只有自己有激情，才能使别人产生激情。"对销售人员来说，只有对自己想要推销的产品有信心，并把他的信心讲给顾客听，才有可能赢得顾客。这句话也适用于日常生活：我们只有表达出了自己的热情，才会感染他人。

8．注意别人的看法，适度地表达出自己的激情

当然，凡事都有个度。如果一个人就同一个话题兴趣十足地谈了几个小时，或者不厌其烦地给别人讲述参加某个重要典礼的细节，人们不仅不会感觉她有魅力，反而会认为她很讨厌。我们可以开朗奔放，但也要注意对方的反应：对方与你产生共鸣了吗？你们撞击出心灵的火花了吗？

如果是——

我们的激情就是增添我们魅力的砝码！

心灵是栖息的摇篮

有位哲人说："乡下、海边、山上的小屋常常是人在烦恼的时候最希望去的避难所。但其实，那些地方并不能真正让人平定下来。如果你想找一个清净之地，不如回到自己的灵魂深处，特别是沉浸在静逸的思绪里。"第二次世界大战结束的前几天，杜鲁门总统比以往的任何一位总统所承担的压力与紧张都大。

作为一位战时总统，他面临着许多难题，但他并没有因此而变得退缩不前。有人认为他很伟大。杜鲁门总统对这种说法的回答是："为了掩护自己，我在心里设了个散兵坑。每隔一段时间，我就退入自己的散兵坑去休息，不让外界来打扰我，就像一个士兵为保护自己而退到散兵坑里一样。"

是的，我们都需要在内心建一个安静的小屋，以远离惊涛骇浪和狂风骤雨的侵袭。每个人的内心深处都需要有一个安静的港湾，它就像车轮的轴心一样，无论外界如何变换，它都永远稳如磐石地固定着，不受任何因素的干扰。我们所要做的就是，发现自己心中的圣地，定时到里面去休息、静养，以恢复自己的活力。

当你开始觉得有些紧张，或者觉得苦恼、压抑时，你可以独处一会儿，你的心灵有让你能够栖息的地方！想象一下，你正在一步一步走入你心灵的栖息之地。这时，你要对自己说：

“现在，我在上楼梯，我在开门，我在房间里了。”然后，继续想象，注意一切平静、平淡的细节，想象自己已经完全放松地坐在自己喜欢的椅子上。这个房间很安全，什么东西都不会伤害你，什么东西都不会让你产生烦恼，因为这些烦恼已经被你丢到楼梯口了。在这里，你什么决定都不用做，也不用慌张，你已经和干扰绝缘了。

也许你会说，这不是在宣扬逃避吗？是的，是要逃避。实际，逃避主义并不是我们想象的那么糟糕。睡眠是逃避主义；下雨撑伞也是逃避主义；天气糟糕的时候，我们为了不让自己得病而躲进屋子也是逃避主义；从某种客观上讲，就连度假也可以算是逃避主义。我们的神经需要逃避主义，以避免外界的刺激和过度疲惫，我们的神经需要自由和保护。我们在逃避中暂时躲开了那些由环境、责任等带来的烦忧。这种逃避是大赛前的休息，是冲锋前的准备。

走入你的心灵栖息之地吧！

第十章
奉献是妻子的天职

成功男人的背后总有一个懂他的女人

英国政治家迪斯雷利曾说："或者，我一生中犯过不少错，做了诸多蠢事。但我绝不会为爱结婚。"

没错，他的确是这样。在35岁之前，他没有结婚，后来，他向一个比他大15岁的富有寡妇求婚。那是一个已年近半百、头发灰白的寡妇。

他们之间有爱情吗？没有。这位寡妇知道他只是看中了她的金钱，并不是因为爱她才娶她。因此，那位寡妇只提出了一个要求，她请他给她一个观察他品格的机会。一年后，他们结婚了。

这听起来枯燥无味，和做一次交易没什么两样。但是，令人无法相信的是，迪斯雷利的婚姻却是最美满的婚姻。

他所选的那个有钱的寡妇，年纪既大，人又不漂亮——一个已经半百的妇女当然比不上年轻女孩子。

她说话常会犯文学上、历史上的大错误，成为人们嘲弄的对象。比如有这样一件有趣的事：她永远搞不清是先有希腊，还是先有罗马。她的打扮更是古怪，根本和正常人是不一样的。至于打理房间，更不是她精通的事。

可她却是个天才——在婚姻中，她是一位伟大的天才，她知道怎样对待一个男人。

她从不提出和丈夫相反的意见。每当迪斯雷利跟反应敏锐的贵夫人们谈了一下午，疲惫不堪地回到家中时，她总能让他安静地休息。他们的家庭每天都有新的快乐，气氛融洽，彼此相敬如宾。

与这位比他年纪大的妻子在一起的时光，是迪斯雷利一生最愉快的时光。她是他的贤内助、亲信、顾问。每天晚上，他从众议院匆匆赶回家，他告诉妻子自己白天所看到、听到的新闻。

最重要的是，只要他努力去做事，她都相信他一定会成功。

30年过去了，玛丽安——这个50岁再婚的寡妇认为，因为那些财产能使他生活得更安逸，她的财产才有价值。反过来说，她是他心中的女英雄。在她去世后，迪斯雷利才被封授伯爵。

当他还是平民时，他就上书维多利亚女王封授玛丽安为贵族。1868年，玛丽安被封为“毕根菲尔特”女子爵。

无论她在众人面前表现得多么笨拙、愚蠢，他都不批评她，在她面前，他从不说一句指责的话！如果有人讥笑她，他就立刻为她辩白。

玛丽安也许不是完美的女人，可是在她最后30年的岁月中，她对自己的丈夫永不厌倦！她仰慕着自己的丈夫！结果呢？迪斯雷利自己说：“我们结婚30年，我对她从不厌倦。”

可是，有些人会想——玛丽安连历史都不知道，她一定很蠢笨。

在迪斯雷利看来，玛丽安是他一生中最重要的人，他对此毫不否认。结果呢？玛丽安常跟她的朋友说："感谢上帝，我的一生是快乐的。"

他们之间曾有个笑话。迪斯雷利曾这样说："你知道，我只是为了你的钱才和你结婚的。"玛丽安笑道："没错，可你若是再向我求婚一次，你一定是为了爱我才向我求婚的，对不对？"

迪斯雷利笑着承认了。

是的，玛丽安并不完美，可迪斯雷利能够机智地让自己保持本色。

贾姆曾说："与别人交往时，不干涉别人原本的那种特殊的快乐的方法是第一件应该学的事。"

伍特写过一部关于家庭方面的书，他在书上写道："不只要寻找一个适合的人，自己也要知道如何做一个合适的人，才算是一个成功的人。"

所以，如果你想拥有美满而快乐的家庭生活，就不要试图改变你的伴侣。

爱情之花需要浇灌

一个寡妇说："他永世都无法明白我有何等爱他。"这样的例子并不罕见。

“小朋友感到无人疼，这是少年犯罪的重要原因之一。”这是纽约市少年家庭董事会秘书、社会工作专家艾西尔·H.怀斯先生在麻州社会工作商论时所说的话。

我和我妻子发现此说法是真的，我们曾经在俄克拉荷马州艾尔·雷诺的联邦少年管教所，对少年犯们讲授有关人际关系的课程。

期望被爱，好像是所有可怜的男孩子的广泛问题。有个少年讲，他的妈妈从不回信给他，后来他写信告诉他妈妈，说他正在上一些课，这课程使他感到已经把自己的外貌改变得很多了。不久他母亲写信给他，说她不认为有什么东西能够对他有益——监牢是他最适合去的地方。

另一个男孩，19岁的汤米，他的生命里有十年以上的时间是在孤儿院、监狱和感化院度过。他说：“我们最需求的，是有人来关心我们。可是从来就没有人爱我或要我。在我16岁以前，我从没有得到过一件圣诞礼物。”

毋庸置疑，这些承受着情感缺失的孩子们，时常会开始犯罪，以弥补这种原始的缺陷——就像一个饥饿了的人，当他抓不到食物的时候，他会吞下有损身体的杂物。

爱是一种最适当的精神食粮，我们的精神靠着它生存和成长，如果没有关爱，我们的良心就会扭曲、变质。

心理学家高登·W.沃尔波特说：“一个普通人所能说的最准确的话就是，他从来不会觉得，他的爱或是别人给他的爱已经使他满足了。”

真的，爱在人类社会里的潜力，就如同原子能那样大。爱才能够产生，而且的确每天都产生出奇迹。你给你丈夫的爱，是他成功的基本因素——因为，如果你真心爱他，你就会心甘情愿地尽你的能力去做每一件事，令他快乐或成功。

你给了你丈夫爱情，也会影响到子女的幸福。保罗·柏派诺博士是美国家庭关系协会会长，他在全国教师家长联谊上讲演说：“教师家长联谊会，如果愿意在年会里完全不谈孩子的情况，而讨论怎样使丈夫和妻子更加相爱，或许对孩子的幸福会有更大的贡献呢。”

那么，我们要如何，才能提升爱情的深度呢？以下有一些建议：

1. 每天都要表现出爱心

最不幸的事情，就是在事情过去之后才发现自己曾经享受过人生最宝贵的东西。我曾经收到一封信，是一位伤心的寡妇写来的。在她提到的许多事情里，她写道：“吉姆素来就不知道，我是多么的爱他、需要他。”

到如今，吉姆他再也不会知道了——那些失去的日子，是永世不会回来了。

针对一千五百多对已婚夫妇的研究，路易斯·M.特尔曼博士和他的研究同仁发现，男人认为在造成婚姻不合的最普遍原因里，妻子不知道表现爱情是第二大原因，仅次于妻子的啰唆、挑刺。

多数女人碰到危机的时候，都能够高明地应付自如，但很不幸的是，她不知道带给丈夫最想要的爱情。如果丈夫失业了，患上结核病或被关进监狱里，这个女人都能够像直布罗陀海峡的岩石那么坚强，不断地帮助丈夫。但是，当生活正常平稳地进行的时候，妻子就忙得忘了告诉自己的丈夫：他在自己的心中是如此重要。

你有没有静下心来想过这句话：据说女人可能是为了安全

感、生小孩、拥有自己的家，或避免当个老处女而结婚。然而现代有90%的男人结婚，只是因为他们在恋爱。

许多的女人相信，她们是应该被宠爱的、听人讲些花言巧语的。在我的经验里，我发现这种说法是真的。通常，抱怨自己的丈夫忽略她们，不知道赞扬她们的女人，往往也吝啬于对丈夫示爱。她们经常挑剔和批评错误。她们正是威廉·柏林吉尔博士所描述的那种神经质女人："有些人太自恋了，她们甘愿分给别人的爱实在太少。"相反，最能够体贴地表示出爱心的女人，也能从丈夫那里得到最多的关注。

对婚姻关系最具权威的专家德洛西·狄克斯说道："妻子们总是埋怨，她们的丈夫把自己的存在看作天经地义，从来就不称赞她们，或关注她们的着装，或给她们任何直接的爱的表示。然而，这些女人对待她们丈夫的态度也同样的冷淡。然后，她们才感觉奇怪，为什么自己的丈夫会追求那些懂得称赞他们英俊、雄伟、健壮的女人。爱情的饥渴并不是女性专有的疾病。男人也会患这种病的。"

有些女人故意利用男人对于爱情的渴望，控制对于丈夫的爱心，以此来获得她们想要的东西。在马里兰高等法院有个案件，就是这种情形。争论的问题是：妻子可不可以要求丈夫给她所希望的金钱，否则就不和自己的丈夫说话。法院判女人败诉——法院认为，一个妻子不可以对自己的爱情定出价钱。

以往有人把夫妻间对爱情的冷淡叫作"缺乏精神食粮"。这是一个很恰当的比喻。因为，男人不是只靠面包就能活下去；有时候，他也需要一块爱的蛋糕——还要在上面加一点白糖。

2. 培养一种好心情——对事情看开一点

有责任心的妻子，时常会患有一种完美主义者的毛病。孩子们的行为总是要管教好，晚餐要做得美味可口，家里要窗明几净。完美主义者时常过分拘泥于小节，而忽视了重要的大事。事情发生的时候，要以好的心情去对待，不要把小事搅得天翻地覆，以为这样就可以加强夫妇间的爱情。

在乔治·吉恩·纳杉有趣的夸大说法里，也蕴含着某种正确的理念："经验告诉我们……爱情和整理完好的家务往往是无法并存的。看到一个家庭整理得太细致时，通常我会觉得，并且发现，他们夫妇相互间的爱情就像他们机械化的家庭那样，已经达到停滞状态。温暖的爱情以及随之而来的幸福，总会造成不经意的凌乱，至少在某种程度上会如此。真可惜，从来没有一个深切而热情地爱着丈夫的女人能够做个完美的家庭主妇。"

听了这番话，我们马上可猜到纳杉先生是个单身汉。但是，他所说的话是值得深思的，特别对那些只注视树木，而忽略整片森林的妻子。

3. 要有宽大的胸怀

没有一件事情，能比得上为爱而结婚那么迷人。爱情就是给予，要给得丰富与慷慨。有些妻子愿意在许多事情上做出牺牲，但常有许多细节缺乏精神上的慷慨——例如，嫉妒丈夫之前的女朋友。

如果你的丈夫无意间提及他今天碰见了前女友，而如果你问他，那个女孩子是不是还扎着辫子说着不成熟的话，那你就太小气了。你应该适当赞美她的好处。

我父亲和母亲结婚以前，曾经和一个迷人的红发少女订了婚。我记得每当母亲赞美那个女孩美丽和人缘好时，父亲总是一边不好意思地笑着，一边又装作泰然自若的样子。父亲觉得母亲比较漂亮，母亲也知道——但是母亲能够欣赏父亲的眼光，这总是使父亲很高兴的事。

4. 对于每一件小事，都要表示谢意

男人在结婚之后，带妻子到戏院过一个愉快的晚上，送给妻子一束紫罗兰，甚至只是每天早晨倒个垃圾，他也非常希望听到妻子的致谢。假如他所做的每件事情，妻子都当作天经地义而不加致谢，相信，丈夫就会停止取悦他的妻子。有些人，不知道丈夫每天为我们做了多少服务，这只是因为我们习惯于让丈夫为我们做这些工作。我曾经认为我丈夫没有帮过我什么忙。我以为要他去弄杯水来喝，也是个大工程，他不会换小孩子的尿布，或弄紧一支漏水的水龙头。然而，有个夏天他到欧洲去了，我惊讶地发现，他每天为我做了许多的琐事——我却没有向他说过一声谢谢——现在我必须自己去做那些事了。

5. 要互相谅解和体贴

当丈夫想要换上拖鞋休息一会儿的时候，我们却穿好衣服想要出门，这是不行的。具有真挚爱心的妻子，应该先了解丈夫每天在外面工作后的需求，然后再盘算自己的需要。

桃乐丝很辛苦地学会了这个事实。戴尔和桃乐丝在俄克拉荷马城度过了他们婚后的第一周。在那儿，他正在进行为期一周的一系列讲演。桃乐丝那时正一本心思幻想着传统中的美丽：赞美的语句，罗曼蒂克情调，烛光和小提琴的演奏声。然而，桃乐丝发现自己只是坐在旅社的房间里——独自一人——在孤单的房子里自我欣赏，那时戴尔正和委员们坐着谈论，一面研究他的演讲稿，一面和赞助人讨论着。他太忙了，事实上

桃乐丝必须先和他定个时间，才能接近他——在我们能够共处的短暂时刻，桃乐丝一直对他表现出愤懑和不悦。

今天，桃乐丝认为自己很幸运，那时候他没有把我的行装整理好送回我娘家，直到我能够学会成为一个女人，而不再是个骄纵的小孩子。婚姻只是适合于大人的。

上面说的这些，是不是就像妻子所做的、许多没有报酬的努力？妻子在一生中无私地奉献给丈夫的爱情，丈夫，知道感谢吗？

我打赌丈夫会感谢的！我就见过一个几乎完美的妻子，得到了丈夫的敬爱。现在我的桌上就有一封信，是华伟克·C.安格斯寄来的。安格斯先生所说的话，也是为其他众多幸福的丈夫们说的："很可能因为我娶了这个女孩子，我才比大部分男人更加幸福。我所能给她的最大赞赏就是对她说，如果我能够回到32年前，而且了解我现在了解的生活，我仍然愿意再和她结婚——只要她愿意再嫁我！我所获得的任何成功，都直接来自这位可爱妻子的陪伴。"

如果没有爱情，成功又有什么意思呢？缺乏爱情，财富和权势也等同于废物和灰烬。如果你的丈夫从你深挚的爱情里得到了安心和幸福。那么，他带给你更高的生活水准的机会也就大大地增加了。

第十一章 职场丽人的神反转守则

工作热情令女人绽放魅力

某些女人在成家之后便牺牲掉事业，自觉自愿地待在家里做全职太太；而有的女人则把更多的精力投入自己的事业中，渴望在事业上找到自身的价值。到底哪一种女人在男人眼中更具魅力，女人该怎样找到家庭与事业的平衡点呢？

心理学家斯卡尔·卢纳德曾经在男性中做过一个调查，内容是男人们是否乐意让自己的妻子在婚后做一个家庭主妇，以便能够让他们安心地出去工作。除了少数男士收入十分微薄之外，其他大多数男人都选择了“愿意”。接下来，斯卡尔又问他们是否愿意娶一个婚前就没有工作的女人，结果是，几乎所有的男人都选择了“不愿意”。

也许很多人觉得这种现象有些奇怪，甚至是相互抵触的。为什么男人们希望自己的妻子待在家做全职太太，却又不愿意娶一个没有工作的女人呢？男人们给出的回答是：没有工作的女人对我们没有什么吸引力。因为不出去工作说明她们很懒惰，不能自食其力。对一个男人来说，同一个不能自立的女人一起生活是件十分恐怖的事情。

“一个自食其力的女人身上所表现出来的坚强、勇敢、自信的气质，要比那些穿着漂亮衣服和戴着华丽首饰华而不实的女人更具魅力。女人的独立自主表现在拥有自己的事业上。”著名人际关系学家康纳德·斯塔克说。

确实，拥有自己事业的独立女性能够获得更多人的认可与赞赏，不仅包括同性，也包括异性。老实说，我妻子桃乐丝吸引我的最重要的一点就是她在工作上的出色表现。但是，很多人，包括一些女人认为，女性是社会中的弱势群体，经不起风雨，结婚以后只要打扮好自己，照顾好家庭就是个称职的太太了，而在外打拼是男人的事情。

美国汤姆斯投资公司财政顾问艾鲁斯女士相当反对这种观点，她曾经公开表示：“女人无论学历高低，状况怎样，都应该出去工作。将终身幸福只寄托于男人身上的女人注定是悲剧，因为这等同于把自己的命运全数交给了别人。我一直坚信，拥有事业的女人更具魅力，也只有这样，女人才能真正掌握自己的命运。”

看到这里，你可能会认为艾鲁斯女士的固执己见会招来别人的深恶痛绝。可实际上，大家是如何品评她的呢？“艾鲁斯可能是我见过的最有魅力的女人了，她身上具备了很多男人所没有的特质。她从不轻言放弃，从未想过把命运寄托在男人身上。虽然有时候她会让我们这些男人自愧不如，可坦白说，她确实令我发自内心地敬重，这是对一个女人的勇敢和坚强的敬重。”一位男士如此说。还有一位只与艾鲁斯有过一面之交的男士这样评价道：“艾鲁斯身上有一种令人着迷的魔力，让人无法抗拒。我从她的表情中可以看出她对工作的挚爱与激情，她的精明强干让所有人佩服。”

以前有这样一位妻子，为了让丈夫安心工作，她在成家后便辞职回家。可是近期家里出了一些变故，经济上变得紧张起来，她想出去工作却又怕丈夫不赞成。因而我鼓励她试着同丈夫谈一谈。原本以为丈夫会竭力反对，责备她不顾家，没想到她的丈夫却高兴地说：“太好了，其实我早就有这种想法，只是怕你不乐意。”丈夫的回答让她感到很惊讶，问其究竟，丈夫说：“这个家庭是我们两个人组建起来的，但是只有我一个人在外工作，我的压力真的很大，尤其是最近一段时间，我真的是无能为力，我多么希望你能帮我担当一点儿。而且说真的，这几年的全职太太生活让你变得有些颓废，我更喜欢工作时的你，那时候你是那么迷人。”

“颓废”这个词看起来似乎有些扎眼，可确实是这样，做了多年家庭主妇的女人都会有这样的感受，每日的生活就是准备餐饮、料理家务、购物……周而复始，单调乏味。唯一的信息来源就是电视，几乎与世隔绝的生活让她们同社会脱节，不知道外面现在流行什么，整日想的就是准备一顿丰盛的晚餐，好让丈夫回家之后不会生气。与丈夫之间再也没有什么共同话题，对他满脑子的新鲜事物一无所知，更没有什么魅力可言了。

一位作家曾经开玩笑：“一个连续做了5年家庭主妇的女人会变得啰唆，一个连续做了10年家庭主妇的女人会变得很啰唆，一个连续做了20年家庭主妇的女人会变得非常啰唆。然而这些在一个职业女性身上却很少发生。”

我想现在你们一定明白了工作的重要性，也一定在下决心重返职场。但是，我要强调的是工作本身并不能增加你的魅力，只有全身心投入并享受工作，真正把工作当成事业来经营的女人才有魅力。假如你只是为了工作而工作，或者只把目光停留在薪水上，却不能将自己完全投入到工作之中，那么你只会疲于应付，一点儿工作压力都会令你怨气冲天、悲天悯人。毫无热情、活力，更别谈还有什么魅力可言。

因此，女人们，如果你确信自己能全身心投入自己热爱的工作中去，那么就赶快行动吧。若是你只为了谋生或者为打发时间，甚至在看完这篇文章以后想让自己变得有魅力，那么你还是努力做好一个全职太太吧，毕竟经营好家庭也是非常重要的。况且，一个甘愿放弃自我为丈夫付出的女人也是很伟大、很值得尊重的，特别是你的丈夫真的非常需要你在家庭上协助的时候，为他营造安定的后方，这也是人生的一种成就。

适合自己的才是最好的

选择合适的工作是女人一生中最重要的一环，因为事业和婚姻一样，能够成就你的幸福，也可能毁灭你的未来。但是很多女人在选择职业时十分彷徨，她们不清楚自己能做什么，甚至不晓得自己到底想做什么。如果你也是如此，那你一定要接着往下看，下面我们就来帮你定夺。

女人的一生面临两个重大的选择：第一，择偶；第二，择业。这两个选择与你的幸福息息相关，因此你必须重视。

下面我将给出一些工作上的建议，帮助大家获得事业上的成功。

首先我们要解决的问题就是，你要选择一份什么样的工作。自然。如果你已经拥有了自己喜欢的工作，并且为之着迷，这个问题就很好回答。你做喜欢的工作时，很容易取得成绩，并且不会为工作感到烦恼。就像美国轮胎制造商大卫·古力先生说的：“如果你喜欢你的工作，即使工作时间很长，你也不会感到厌倦，而是像玩游戏一样享受。”因此，在选择职业时应当尽量以自己的喜好为基准。

不过，不少女性在找工作的时很彷徨，她们不知道自己能做什么，也不清楚自己到底想做什么。美国杜邦公司的人事经理卡尔夫人说过：“我认为现在这世上最大的悲剧就是很多年轻人不知道自己想做什么。如果一个人只是为了薪水而工作，在其他方面却一无是处，这是非常悲哀的。”索克尼石油公司的人事经理保罗先生也曾说过：“现在年轻女性的最大问题就是搞不清楚自己想做什么，这真让人吃惊。她们会花尽心思选择一件只穿几个月的衣服，却非常草率地选择一份关乎命运的工作，要知道她未来的幸福与这份工作息息相关。”

亲爱的女士们，如果你真的没有特别喜欢的职业，也不清楚自己到底想做什么，那么就参考一下我的建议吧。

1. 你最好参考一下职业顾问的意见

如果你不清楚自己想做什么，可以向职业顾问咨询一下。记得要找一位经验丰富的职业导师，并且多关注职业辅导类的书籍。或者你也可以多咨询几位职业顾问，再综合考虑他们的建议。

但是切记，职业顾问只能给你提供建议，决定权还是在你的手上。你要明白，职业顾问的意见也不一定完全正确，他们有时也会犯可笑的错误。我的一个学生在求职的时候，职业顾问建议她去当作家，因为她的词汇量非常丰富。但是据我所知，我的这位女学生对写作一无所知，甚至连一句通顺的句子都写不出来。多么荒唐啊，如果真的按照这位职业顾问的建议去做，她极有可能走进误区。所以，女士们，在接受建议时一定要保持清醒的头脑，千万不要盲从行事。

2. 尽量避开竞争激烈的职业

可以谋生的工作不计其数，但在一所学校里，大约80%的女生会不谋而合地选择其中的5种职业。正是因为如此，才会令少数行业人满为患，竞争异常激烈，让很多人感到焦虑不安。因此，如果你想选择法律、广播、电影、新闻这样热门的行业，那么就先狠下一番苦功，做好和别人竞争的准备吧。

3. 远离生存机会渺茫的行业

以保险行业为例：每年都有很多人投身保险业，但他们却不知道，保险公司90%的业务是由10%的员工完成的，这就意味着大多数人难以温饱，不得不另谋生路。除了保险行业，还有不少其他行业也是这样，所以倘若你没有超凡的能力，最好还是不要选择这些行业，以免让自己走入绝境。

4. 要全面了解你所要迈入的行业

在选择从事某一行业之前，一定要对它有一个全面的了解，这一点非常重要。这样你才能够权衡这个行业适不适合自己，或者需要做好哪些准备。否则，盲从地进入陌生的领域很可能会使你追悔莫及，这是你人生中最关键的抉择，所以千万不能随意、轻率。

怎样才能深入了解你所要从事的行业呢？你可以找在这个行业工作过10年以上的前辈详细聊聊，以他们的资历和对这个行业的了解，你一定可以受益匪浅。接下来，你就要仔细考虑自己到底适不适合。如此这般，相信你一定会做出最正确的抉择。

看到这里，无疑，你已经开始对选择什么样的职业有所计划了吧，那么就赶快开始行动吧，多花点心思和时间在找准职业方向上，成功和幸福指日可待。

尺度是处事的桥梁

每一个人的成功都不是偶然的，总是会有这样或那样的人从中相助，职场中不论你势力多大和能力多强，倘若你让别人感到讨厌，那么就如同亲手切断了自己通向成功的路径，最终仍以失败而告终。职场中，如果想做一个受欢迎的人，就一定要把握好说话做事的分寸。

女士们，是否发现在职场中有这样一种人？他们懒散、自大、狂妄、任性，没有分寸，非常令人厌恶，这种人往往很失败，不管是生活还是事业。

试想，假如一个女人在工作中素来刚愎自用，从来不考虑别人的感受，与同事交往从不注重自己言行的分寸，总是伤及无辜，甚至在上司面前也趾高气扬。那么结果会是什么样的呢？同事都不愿答理她，上司对她的意见也会越来越大，当这些不良因素如雪球般越滚越大，最终她会失去这份工作，哪怕换一个环境，结局亦是如此。

那么什么才是分寸呢？每个人都有自己的个性，你心中的标准未必与别人的一致，势必有一些不相同的地方。不过，社会发展到今天，已经形成了一种公共的标准，这就是我们所说的“分寸”。如果想在职场中得心应手，就必须遵循公共标准。

纽约贸易公司的总经理卡伦正陪同一位来自英国的重要客户参观公司，如果这笔生意能成交，将会给公司带来莫大的收益。当他们走到销售部参观时，突然一个女人大喊着冲进门来：“经理，难道你就是这样不讲信用的人吗？前几天你分明说我这个月的奖金会多一些，可现在，奖金还那么点。作为一个大公司的经理，你怎么能做出这种事！”卡伦的脸色有些难看，他强压怒火说：“朵拉，这件事我们稍后再谈好吗？现在我有件非常重要的事情要做。”朵拉不但没有收敛，反而变本加厉地大声说：“怎么，你难道怕别人知道吗？我为自己争取正当的权益，所以我没什么好顾虑的。我希望你能明白，我并不想这么做，但是你太过分了，我也没有办法。”卡伦涨红着脸说道：“好吧，我的朵拉小姐，现在就到财务室去领取你的奖金吧！”

第二天，卡伦把朵拉叫到办公室，不但给了她奖金，还给了她这个月的工资——她被辞退了。从公司出来，朵拉觉得憋屈极了。于是她站在公司门口大喊：“我们经理是个小心眼的人，根本听不进别人的意见。”说完，朵拉觉得痛快极了，脸上露出胜利的笑容。

但是，朵拉被辞退真的是因为经理心胸狭隘，记恨她去讨要奖金吗？我想不是的，如果朵拉在合适的时间去和经理协商奖金的事情，那么他一定会高兴地接受意见。但她却选择了最不恰当的时机，导致自己丢掉了工作。职场中争取薪酬没有错，因为这是你应得的，但是在老板约见重要客人的时候去泼凉水，用激烈的言辞来维权，就是没有分寸了。

其实职场中这样的女士并不少见，她们身上往往都有一个共同点，就是任性。但是，工作和生活不一样，进入职场必然要受到各种各样的约束，而那些任性的女人却无视这些约束。她们说话往往不加思考，任性胡来，不懂把握说话做事的分寸，势必会招来麻烦，引火上身，最终孤立无援。

职场中还有一类女人，她们喜好冲动，爱说狠话，较为情绪化，做事没有分寸。我们会看见这样的情形，两个人争吵时常常会情绪失控，说出一些过火的话，以此来发泄怒气。但是这样做根本没有什么积极效应，只会使矛盾激化，断送自己的前途。

艾迪在公司的口碑不错，同事大都很喜欢她。不过她有一个致命弱点，就是脾气暴躁，而且一激动起来就会失控。

有一回，她和同部门的同事因一点小事争吵，双方都不肯让步，最后艾迪大喊道："你记住，从今天开始，我们之间没有任何关系，以后谁再理谁，就遭天打雷劈。"同事们都惊呆了，觉得艾迪的话实在有些过分，纷纷劝她别冲动。可是，正在气头上的艾迪哪里听得进去，反而当着众人的面把刚才的话又重复了一遍，如此一来，两个人的关系急剧恶化。

但同在一个部门，工作接触是难免的。由于艾迪发了毒誓，所以她拒绝与对方合作，使得一项很重要的工作没有处理好，结果艾迪被辞退了，因为她影响了公司的团结和业绩。

除了上述说到的冲动、欠缺考虑、说话做事没有分寸之外，还有因为说话做事太过讲究而犯错的女人。

妮娜很有心计，而且很有志向，刚参加工作她就给自己定下了一个目标——要成为最优秀的职场女将。她做了充分的准备，读了很多职场书籍，清楚只有处理好职场关系，才能实现自己的目标。于是，她开始照着书上的策略去做。也许你会认为妮娜这么用心良苦一定会获得成功。可事实上，她的做法不但没有赢得同事的好感，反而令所有人都很讨厌她，认为她很虚伪。

原来，由于妮娜太过注意为人处世的技巧，按书中说的对同事非常关心，起初同事们还觉得她不错，但是妮娜的关心并非发自内心，而是抱有很强的目的性，时间久了，同事都觉得她很做作。而且，后来同事在妮娜的柜子里发现了那本有关人际关系的书，大家都因此认为妮娜太过虚伪，工于心计。

仔细思量，像妮娜这样的女士还是很委屈的，因为她们的确是小心翼翼地把握说话做事的分寸，但是却由于太过谨慎或者过度，令人觉得很不真诚，甚至企图不良。老实说，这种做法比任性和冲动造成的后果更为严重。

所以女士们，在职场中若想获得良好的人际关系，说话做事一定要讲究分寸。为人处世要多替别人着想，站在别人的立场上考虑问题，克服任性的毛病。另外，遇事千万要懂得克制，不要冲动失控，放狠话之前要先停顿十秒钟，从一数到十，让自己冷静下来。更为重要的是，学习一些与人相处的关系是十分必要的，但千万不要刻意追求什么技巧，毕竟以诚待人才会获得真正的信赖和认同。

沟通是走向成功的基本原则

越来越多的企业把擅长沟通作为招聘的首要条件，大多数老板宁肯接受一个能力一般却擅长沟通的员工，也不想要一个与团队格格不入的人才。沟通在职场中已经变得越来越重要了，所以作为职业女性首先要学会怎样与人沟通。

纽约一家大型贸易公司的人事经理在谈到招聘经验时指出，对于一个公司来说，招聘到一个能力不高的人并不是最倒霉的，招聘到一个不懂得沟通的员工才是一件烦恼的事。老实说，我还是第一次听到有人这样率直地说出这一点，于是就问他其中的原因。他对我说："我们都知道，团队是公司的生命，团队能否默契配合对一个公司来说至关重要。试想，假如团队成员不懂得怎样沟通，那么这个团队的凝聚力、生命力和活力在哪里？这是一件多么不幸的事情。"

确实，这位人事经理说得一点儿也不过分，细致的女士也许会发现，越来越多的企业把擅长沟通作为招聘的首要条件。

可是，不少女人对于沟通的认识还十分欠缺，认为沟通只是单纯的语言交流。实际上，沟通的范围十分之广，既包括怎样表达，也包括怎样倾听。其实，沟通的方式也有很多种。所以，你要培养自己各方面的素质，才能成为一个沟通高手。

练就优秀的沟通能力并不容易，也不是短时间内能够成就的，单就学习沟通这方面就可以写一本书了。我在这里给大家分享一些最基本的沟通原则，只要把握好这些原则，再结合实际运用一些沟通技巧，成功并不是那么难。

1. 放低自己，避免争辩

很多刚步入职场的女人都想在短时间内让领导和同事认可自己，这是一种有上进心的表现，是值得肯定的。但是许多女士对领导和同事在思想表达上，会不自觉地抬高自己，或者为了证明自己的正确而和别人发生争执。

凯莉刚刚进入一家玩具公司做设计工作，因为出色的工作能力老板对她还是较为满意的。但，令所有人都料想不到的是，凯莉在公司工作才一个月就突然被辞退了。问其究竟，老板说："对不起，凯莉。老实说，你的工作表现相当不错，但是公司最需要的不是出色的个人，而是出色的团队。我不想因为你一个人影响到整个团队。"

原来，凯莉在工作期间和同事无法和谐共处。她确实有骄傲的资本，但忘了自己只不过是个新人。设计部主任在给员工开会时，凯莉总以高高在上的姿态告诉大家什么才是真正的设计。不仅这样，她还时常因为某件作品和同事相持不下，并用命令的口气让对方认同她的意见。时间一久，大家对凯莉相当反感，最后老板只得舍弃她一人而保全整个团队了。

凯莉在沟通时犯下的最大错误就是没找准自己的位置，高估了自身的能力。事实上，即便你的能力再高，作为新人也始终是团队的后来者，你的资历比其他人浅得多，哪怕那些人在能力上不及你。因此，在表达自己想法的时候，应该尽量放低姿态，必要时要懂得迂回。

另外，沟通时还要考虑对方的感受。每个人都有"以我为重"的心理需求，在与同事的沟通中最好要满足他们的这种需求。工作中，难免会发生矛盾，这时千万不可操之过急，这样只会让事情变得更加难办。和别人想法相左时，最先要考虑保持对方的权威性，充分尊重他人的意见。即使对方的确是错的，也没必要用争论让他接受你的想法，这是沟通中的大忌。在表达思想时切勿以自我为中心，应该多站在对方的立场上考虑问题。

2. 尽快适应新环境

每个企业都有自身的企业文化、工作氛围和管理制度，必然会形成特定的沟通风格。假如你不能很快地融入进去，就很可能被孤立。

艾娃之前在一家小型的百货公司上班，由于公司不大，因此工作环境相对轻松。艾娃和同事们无话不谈，什么话题都可以放到桌面上聊。与领导沟通也较为省心，根本无须经过任何人就可以直接向总经理汇报工作，因为公司没有其他中层领导。后来，艾娃来到了一家大型电器销售公司。虽然工作内容一样，而且薪水也高了许多，可艾娃很难适应新的工作环境。因为，这家公司同事之间很少沟通，即便有所交流也大多与工作有关。当她把昨天的购物经历讲给同事们听时，他们显得非常冷漠，有的人甚至还嘲笑她。更让她无法容忍的是，她根本没机会和总经理对话，一切都得听从部门经理的安排。即使想法再好，如果过不了部门经理这关，也不可能向总经理汇报。三个月之后，艾娃因为受不了这样的氛围，只好离职。

是这家公司本身有问题吗？绝不是，公司的业绩一直都相当好。其实问题就出在艾娃自身。或许是因为工作繁忙，所以这家公司已经形成了只谈工作的交流模式，倘若艾娃能在工作时间和同事多谈谈自己在工作上的心得，在下班时再跟他们聊私事，想必同事会很快接纳她的。至于不能直接向高层领导汇报工作，这也合乎常理。在所有的大公司里，老板和员工直接沟通的机会本来就很少。如果艾娃能积极主动地跟部门经理沟通想法，并想办法得到他的赏识，再通过他向总经理传达，沟通就会变得容易很多。

3．沟通要及时

交流的关键，最重要的就是行动力。倘若你不主动与人交流，而是等着别人来找你，效果会差很多。不管你是内向还是外向的性格，在工作中主动交流总比不去交流要好得多。以前有一位女性对我说："卡耐基先生，我非常清楚沟通的重要性，也想成为一个沟通高手，但是说着简单做起来难，希望你能教我一些方法，等练好了我再去沟通。"其实这种想法是不对的。与人成功交流的确不容易，可是无论什么事都先要迈出第一步，尽管前进之中会遇到很多问题，但是迈出第一步才能与成功接近一点。

女士们，请牢记以上职场沟通的三大原则，这是有效沟通的必备法宝。接下来，我会介绍五项法则和十大技巧，希望对你们有益。

（1）有效沟通的五项法则包括：

①真诚是沟通的基础；

②表述简单易懂；

③谈话内容吸引人而有趣；

④时常微笑，让人感觉友好愉悦；

⑤灵活应对不同场合，根据不同对象改变话题。

（2）沟通的十大技巧包括：

①口齿清晰，声音愉悦；

②表达流畅；

③控制好话题的走向；

④注意说话时的眼神交流；

⑤准确快速地找出共同话题；

⑥谈论一些对方喜欢的话题；

⑦用适当的玩笑缓和气氛；

⑧不忘表达感激；

⑨合理运用肢体语言；

⑩学会倾听。

跳槽的学问

我们时常会看到一些女士一再地跳槽，觉得这份工作不合意，那份工作不配自己。可是她们始终没搞清楚，盲目地、多次地调换工作，对将来的发展极为不利。

在我的培训班里，时常有这样的女性，她们总是对自己的工作不称心，屡屡地改换工作。她们觉得，与其一筹莫展地焦虑，还不如换一份好的工作。或许下一份工作就会如愿以偿。事情真的如此吗？我们来看看下面的例子吧。斯薇莎小姐毕业于一所著名大学，毕业后在一家大型机械公司做经理助理。可这份工作令她十分失望，不仅要每天加班，薪水跟其他同学比起来更是少得可怜。而且要等到半年以后才能有加薪的机会，这让斯薇莎十分焦虑。因此，在一番思想斗争之后，她辞掉了工作。

一周之后，斯薇莎在一家广告公司找到了新的工作，负责文案撰写。这里的薪水比原先高了一些，但是工作了两个月后，她觉得这家公司没什么发展前途，于是又离职了。接下来，斯薇莎加入了一家培训公司，成了一名培训讲师。她对这份工作较为称心，这是她喜欢的职业。不过，这里的同事却不容易相处，斯薇莎总是和他们发生摩擦。故此，她在这家公司也待不下去了。

如此这般，斯薇莎的工作换了又换，然始终没找到一份让自己十分满意的。

女士们，看到这个例子，你还能相信通过不断地调换工作，会找到自己理想的工作吗？其实，这样屡次地跳槽，除了浪费自己的时间，没任何好处。

我认为，频繁更换工作是非常不合适的举措。

（1）每一份工作都做不长，这会让你在每一个行业只能半途而废，没有学习和积累到什么工作技能和经验。

（2）如果你频繁地跳槽，而你应聘的下一份工作却不是同类行业，那么你以前的工作经验毫无用武之地，这就意味着你又要从零开始。

（3）才刚进入一家公司，薪水都不会太高，因为需要学习和锻炼，而你不等这个阶段过完就辞职了，想提高收入谈何容易。

看到这里，可能有人会问我：“卡耐基先生，我真的对现在的工作十分不称心，难道我就要一直这么熬下去吗？”当然不是。在想换工作的时候，你一定要考虑清楚，认真想想为什么对这份工作不满意。是工作的问题，还是你自身的问题。如果这份工作真的妨碍了你的前途，那么果断地换掉它吧。可假使是你自身的缘故，那么千万不要急着离职，调整一下自己，改正缺点，再工作一阵子试一试。

凯特小姐大学毕业后在一家服装公司找到了工作。她是学设计专业的，因此对这份工作非常称心。可是工作了一段时间，她发觉自己总是和同事相处得很不融洽，于是她想到了辞职。不过在递交辞呈之前，凯特仔细地对自己的状况做了分析：为什么别人能相互和谐相处，而唯有跟自己发生矛盾，只是因为自己是新人吗？可是他们对其他新人也很不错啊。想了很久，她终于找到了原因，因为自己的骄傲，所以很难与别人愉快相处。因此，凯特撕掉了辞呈，重新回到了工作岗位。她努力改变自己，变得谦和有礼，同事们也慢慢地转变了对她的态度。称心的工作、相处和睦的同事，凯特终于如愿以偿了。

凯特是聪明的，她在辞职之前做了仔细的思考和客观的分析。如果她冲动地换了一份工作，还是保持着平素的骄傲，那么她在新的工作环境中仍然不会受到欢迎，因为谁都不喜欢太骄傲的人。所以，如果你不清楚目前的工作为什么让自己不满意，就算再换多少份工作，还是不会感到称心，这和换不换工作是没有任何关系的。

“伴虎”法则

才来到一个新的工作环境，最关键也是最棘手的事情往往是怎样与上司建立良好的关系。假如碰到一位难沟通的上司，我们应该如何办？其实与上司搞好关系说难也容易，只要你事先做好功课，并且掌握方法对症下药，那么你的上司一定会对你另眼相看。

纽约职业分析机构以往对500名将要步入职场的女性进行了调查，问她们最担心在工作中遇到什么问题，有三分之二的人，答案是担心遇到一个与自己合不来的上司。

诚然，这些担心不无道理，职场中的首要问题就是怎样同上司相处。如果一开始不能和上司关系和谐，那么在今后的工作中会困难重重，甚至影响你的前途。与上司搞好关系是职场中的一件大事，可能做起来并不简单，因为每个人都有自己的个性和想法。也许你遇到了一个专横跋扈的上司，经常对下属大发雷霆，这让你感觉到不能忍受的“羞辱”；也许你与上司的个性不合，想法也总不能统一，这些矛盾和不悦妨害了你们的关系。那么，面对这些状况，应该如何处理才最为合适呢？淡然处之或拂袖离去，显然都是极不明智的做法。聪慧的女性会想办法尽快适应自己的上司，这也是你步入职场需要学习的

第一堂课。

想适应上司就要先了解他。只有彻底地分析了上司的情况，才能找到合理的应对方法。了解上司，要把握住第一次见面的机会。给上司留下良好的第一印象非常有利于你们以后的相处，因此一定要把握好这次机会。在与上司会面前，了解一下他的喜好，以便找到共同话题，以免在谈话中出现难堪。

我的侄女辛迪斯就遇到过这样的问题。她成功通过一家大型百货公司的面试，并幸运地见到了公司的高层领导。可是由于她事先没有做准备，所以对上司所谈论的内容知之甚少，虽然没有带来太大的麻烦，却使上司对她的印象大大减分。

所以，在见面之前要想好应该与上司谈论什么，最好选择上司感兴趣的话题。并且，初次谋面谈话最好要有重点，不要谈论过多问题。假如你的上司走题了，你要想办法把话题拉回你想谈的重点上来。在这里要严格强调的是，千万不要固执地只谈论自己，要把握机会多多了解你的上司，比如外貌、品味、气质、言谈等。在交谈中也可以试探性地问一问，上司对你有哪些期望和要求。这样一来，你就可以早作准备，以免在工作中始料未及。

另外，还有一点非常重要，你应该把握住这次机会充分展示自己，因为所有的上司都希望自己的员工精明强干。

初次见面和会谈之后，你就能对上司做进一步了解。我所说的了解不是单纯地通过一份履历或者资料来获悉一些基本的情况，而是通过其他渠道来获取与上司有关的信息，多方位地了解他。

萨拉初入一家公司做产品设计员，为了顺利开展工作，她决定主动和上司搞好关系。但是自己来公司的时间短，与上司接触的机会也很少，如果贸然行动或许会画蛇添足，于是她开始留心身边的同事。经过一段时间的观察，她发觉上司十分信赖设计部的一位同事，于是她就想办法多接触这位同事，从她那里得到很多关于上司的信息。投其所好，短短的三个月，萨拉就成了上司面前的红人，这无疑要归功于她的悉心准备。

在获悉信息的时候也要有所选择，否则很多无用的信息反而会连累你，让你无所适从。那么，关于上司的哪些信息是重要的呢？答案就是上司的性格和处世哲学——这会直接影响到其做事风格和行为习惯。

关于这一方面，可以通过了解上司的个人经历来掌握，这样你就能够理解他为什么会有这样的行为和习惯了，并且清楚在工作中应该注意哪些问题。

至今为止，我采访过300多名公司的领导，通过整理分析，把这些领导分门别类，现在我把这些成果推荐给你们，希望会有一些帮助。

1. 权威型上司

这种类型的上司拥有强烈的自尊心，希望得到下属的绝对服从。他们往往喜欢时时刻刻教训下属，从而满足自己的虚荣心和权力欲。女士们，面对这种上司你们最先考虑的不是怎样做好工作，而是如何迎合上司的这种心理。你不需要将工作做到完美，而是要把工作中出现的问题带到上司那里，请求他的帮助。这样一来，上司会觉得自己很威望，你很敬重和仰慕他，心理上得到极大满足，从而对你另眼相看。现在你该理解为什么有时候工作能力并不出色的人会得到重用，而你自己却没有机会了吧。

2. 急躁型上司

急躁型上司常常思想激进，以速度作为衡量一切的标准。他们赏识大刀阔斧、精明强干的员工，反感做事拖沓、慢条斯理的人。这类上司有一个特点，那就是倘若你在工作上犯下错误，他们不一定会斥责你，但是如果你做事拖沓消极，就一定会遭到严厉的批评。

3. 外表冷漠型上司

这类上司通常给人难以接近的感觉。他们外表冷酷，拒人于千里之外的模样，但内心却非常热情。因此，当你遇到这类上司，千万不要被他的外表所惑，应该大胆接近，用你的真诚去打动他。

4. 心机型上司

这类上司通常表面上让人感觉亲切，而且也不会对员工发脾气，对每个人都乐呵呵的。女士们，一定要明白这些都是表面现象，这类上司很可能口是心非。掉以轻心不小心得罪了他们，那么很有可能会无缘无故地被炒鱿鱼。

5. 反复无常型上司

这种类型的上司非常情绪化，喜怒无常，通常令部下觉着不知所措。其实，这类人的心地一般是善良的，只不过难以控制自己的情绪而已。他们多半较为敏感，十分介意别人对他们的看法。所以，与此类型的上司相处要分外注意察言观色。在他们心情愉快的时候，你可以和他们开个玩笑增进感情，不过倘若他们心情不好，最好不要在这时招惹他们。